Kaffee & Schokolade

Über 150 Rezepte für süße Stunden

ZABERT SANDMANN

Inhalt

Von Corretto bis Melange
Berühmte Kaffeeklassiker

Für den einen ist es unvorstellbar, den Tag ohne eine Tasse frisch gebrühten, heißen Filterkaffee zu beginnen. Der andere liebt es, in der gemütlichen Atmosphäre eines Wiener Kaffeehauses bei einem Braunen oder einer Melange sich in Ruhe seiner Zeitung widmen zu können. Für den Franzosen gehört zum Frühstück ein großer Milchkaffee, der Italiener trinkt mal eben im Vorübergehen an der Bar einen »Schnellen« (Espresso). So abwechslungsreich sich der Kaffeegenuss in den verschiedenen Kulturen entwickelt hat, so groß ist inzwischen die Auswahl an dem, was sich aus Kaffee alles zubereiten lässt. Gemeinsam ist allen das unvergleichliche Aroma.

1

CAFÉ CRÈME: französischer Espresso mit Milch, ähnlich dem Cappuccino
CAFÉ LIÉGOIS: französischer Eiskaffee mit Vanilleeis und Sahne
CAFÉ NATURE: französische Bezeichnung für einen schwarzen Kaffee
CAFÉ SERRÉ: französischer Espresso, der nur mit sehr wenig Wasser zubereitet wird
CAFÉ VIENNOIS: so heißt in Frankreich der österreichische Einspänner
CAFFÈ AMERICANO: mit Wasser verlängerter Espresso; aus den USA, inzwischen auch in Italien gebräuchlicher Ausdruck
CAFFÈ CON PANNA: Lungo mit geschlagener Sahne
CAFFÈ CORRETTO (4): Espresso mit einem Schuss Grappa
CAFFÈ LATTE: italienischer Milchkaffee
CAFFÈ LUNGO: mit Wasser verlängerter Espresso
CAFFÈ MACCHIATO: macchiato bedeutet »gefleckt«; ein Espresso mit wenig Milch

BICERIN: ein Drittel Kaffee, ein Drittel Schokolade und ein Drittel Sahne; aus Turin
BIEDERMEIER: großer Mokka mit Aprikosenlikör und Schlagsahne (Österreich)
BRAUNER: österreichische Bezeichnung für schwarzen Kaffee mit Milch; klein oder groß
CAFÉ AU LAIT: französischer Milchkaffee, bei dem der Milchanteil überwiegt
CAFÉ BRÛLOT: flambierter Kaffee mit einer Mischung aus Cognac, Gewürzen und Zucker

CAFFÈ MOCHA (3): Mischung aus Kaffee und heißer Schokolade; aus den USA

CAFFÈ NERO: schwarzer Kaffee

CAPPUCCINO (1): Espresso mit einer Kapuze (»cappuccio«) aus aufgeschäumter Milch

CAPPUCCINO CON PANNA: Cappuccino mit Sahnehaube statt mit Milchschaum

DOPPIO: doppelter Espresso

EINSPÄNNER: im Glas und mit Schlagsahne (Schlagobers) servierter schwarzer Kaffee oder Mokka (Österreich)

FIAKER: Espresso oder Mokka mit Rum oder Cognac im Glas mit Schlagsahne, wie der Einspänner serviert

FRANZISKANER: sehr helle Melange mit Schlagobers (Schlagsahne)

HOT SHOT (7): heißer Espresso mit Likör und Sahne

IRISH COFFEE (6): heißer Kaffee, Zucker und Whiskey, mit halb steifer Sahne

KAFFEE FERTIG: Kaffee mit Schnaps oder Obstler, wird in der Schweiz so getrunken wie hierzulande ein Grog

KAFFEEKASK: in Schweden beliebter Kaffee, der mit Aquavit verfeinert wird

KAFFEE PFLÜMLI: schwarzer Kaffee mit Pflaumenschnaps (Pflümli), wahlweise mit Schlagsahne serviert

KAHVE: türkischer Kaffee; mit Wasser, Zucker und Kaffeepulver im »cezve« mehrfach aufgekocht

KAISERMELANGE: Schwarzer, mit geschlagenem Eigelb und Honig oder Zucker verquirlt

KAPUZINER: großer Schwarzer mit einem Schuss Milch oder Schlagsahne (Österreich)

LATTE MACCHIATO (5): starker Espresso mit sehr viel aufgeschäumter Milch (siehe S. 11 oben)

MARIA THERESIA: ein Mokka mit einem Schuss Orangenlikör (Österreich)

MARILOMAN (2): heißer Mokka mit Cognac (Österreich) oder abgewandelt Espresso mit Cointreau

MAZAGRAN: gesüßter und mit Eis gekühlter Mokka, mit Maraschino und Rum serviert

MELANGE: österreichische Variante des Milchkaffees; halb Kaffee, halb heiße Milch, mit viel Milchschaum serviert; kommt auch ohne Milchschaum vor

MOKKA: österreichischer kleiner Schwarzer, der besonders stark ist

PHARISÄER: Kaffee mit Zucker, Kakao und Rum, mit Schlagsahne garniert

RISTRETTO: Espresso mit sehr wenig Wasser

SCHÜMLI: Schweizer Kaffee, frisch gemahlen und in einer Dampfdruckmaschine wie Espresso zubereitet. Heißt nur hierzulande Schümli (Schäumchen). In der Schweiz ist es der »normale« Kaffee.

SCHWARZER: Kaffee pur ohne Milch oder Schlagsahne (Österreich)

VERLÄNGERTER: mit heißem Wasser zum »Großen« verlängerter kleiner Schwarzer

Die Speise der Götter
Eine himmlische Verführung

Eine Götterspeise – das war die Frucht des Kakaobaums schon für die Ureinwohner Mexikos. Aus dem Pulver der Kakaobohne bereitete man ein bitteres, scharfes Getränk. Das »Kakaowasser« hatte angeblich heilende und aphrodisierende Wirkung und war aus den heiligen Zeremonien nicht wegzudenken. Die spanischen Eroberer Mittelamerikas brachten das braune Gold im Jahr 1519 schließlich nach Europa, wo sein Siegeszug als Hauptbestandteil der Schokolade bis heute nicht abbrach. Zuerst nur als Getränk beliebt, wurde die Schokolade Mitte des 19. Jahrhunderts erstmals in die uns geläufige Form als Tafel gegossen. In jüngster Zeit erlebt die Schokolade einen regelrechten Boom: Mit Gewürzen und fremden Aromen werden Chocoholics in eine völlig neue Genusswelt entführt. So unterschiedlich die Sorten, so verschieden sind die Geschmäcke: Die Franzosen lieben dunkle Schokolade mit kräftigem Aroma und von hoher Qualität, die Italiener genießen sie lieber süß und nussig, und die Deutschen favorisieren, wie die Schweizer, die Milchschokolade. Doch in einem sind sich alle einig: Schokolade ist Genuss pur und ein Stück unersetzliche Lebensqualität.

1

KAKAOBOHNEN (links) sind die Samen der Kakaofrucht und bilden die Basis für alle Kakaoprodukte. Nach der Fermentation werden sie getrocknet, geröstet und fein gemahlen. Die so entstandene Kakaomasse wird je nach Produkt weiterverarbeitet.

1 KAKAOPULVER wird durch Pressen der Kakaomasse unter erhöhter Temperatur hergestellt, die Kakaobutter wird dabei herausgelöst.

2 MARZIPAN besteht aus Puderzucker, Mandeln und Aroma. Sie ist die klassische Füllung für dunkle Schokolade.

3 MILCHSCHOKOLADE enthält mindestens 25 % Kakaomasse. Sie wird in der Backstube selten verwendet, da sie empfindlich auf Hitze reagiert.

4 ZARTBITTERSCHOKOLADE enthält mindestens 48% Kakaomasse. Je höher der Anteil an Kakao, desto qualitativ hochwertiger ist die Schokolade. Inzwischen finden Chocoholics Produkte mit über 90% im Handel. Die dunkle Schokolade eignet sich auch bestens zum Backen.

5 WEISSE SCHOKOLADE ist eigentlich keine Schokolade, denn sie enthält keine Kakaomasse. Stattdessen hat sie einen hohen Anteil an Kakaobutter und entwickelt dadurch ein ganz eigenes Aroma.

6 MANDELN lassen sich fein gemahlen oder im Ganzen optimal mit allen Arten von Schokolade kombinieren.

7 GEWÜRZE wie Vanille und Zimt verleihen Schokolade einen Hauch von Exotik und runden ihren Geschmack ab. Den Hauptaromastoff des Vanillemarks, das Vanillin, findet man in fast jeder Tafel Schokolade.

KAKAOBUTTER ist ein goldgelbes aromatisches Fett, das bei der Gewinnung von Kakaopulver entsteht. Eine fermentierte Bohne enthält etwa 54% Kakaobutter. Das hochwertige Fett macht sich auch die Kosmetikindustrie zunutze.

KUVERTÜRE wird beim Backen der Schokolade vorgezogen, weil sie mit mindestens 31% einen höheren Gehalt an Kakaobutter hat. Sie schmilzt besser und lässt sich gut verteilen, eignet sich deswegen zum Überziehen von Kuchen und Torten. Wieder erstarrt, gibt sie Cremes einen besseren Halt als Schokolade.

NUSSSCHOKOLADE findet man bei uns am häufigsten mit gerösteten Haselnüssen angereichert. Der Trend geht in den letzten Jahren in Richtung neue Zusätze wie Erdnüsse, Pistazien, Kokosflocken, Krokant, Rosinen und sogar Puffreis.

PRALINEN sorgen für Glücksmomente in mundgerechter Form. Echte Schokoladenpralinen haben einen Schokoanteil von mindestens 25% ihres Gewichts. Die Palette lässt keinen Wunsch offen und reicht von Champagnertrüffel über Edel-Vollmilch bis hin zu Nougat-Sahne.

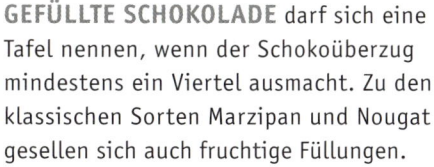

GEFÜLLTE SCHOKOLADE darf sich eine Tafel nennen, wenn der Schokoüberzug mindestens ein Viertel ausmacht. Zu den klassischen Sorten Marzipan und Nougat gesellen sich auch fruchtige Füllungen.

SCHOKOLADE MIT AROMA gibt es inzwischen in allen nur erdenklichen Nuancen. Bei der Vielfalt an Sorten von Mokka bis hin zu Chili, Lavendel und Irish Whiskey ist garantiert für jeden Geschmack etwas Passendes dabei.

Step by Step
Espresso, Cappuccino & Co.

Die italienische Kunst der Kaffeezubereitung hat sich hierzulande schon fast zu einem Kult entwickelt. Wer auch zu Hause nicht auf Espresso, Cappuccino und Latte macchiato verzichten will, kann mit der richtigen Ausstattung ganz einfach in den Genuss kommen. Es muss nicht gleich der riesige Profi-Vollautomat sein. Mit einer kleinen Espressokanne und einem Milchaufschäumer für den Herd lässt sich die ganze Palette der italienischen Kaffeespezialitäten selbst zubereiten. Der Milchaufschäumer macht aus Milch ruck, zuck! echten Milchschaum. Die heiße Milch wird dabei durch einen Siebeinsatz gedrückt und das Milcheiweiß so schön schaumig geschlagen. Noch schneller geht's mit einem batteriebetriebenen Miniquirl. Einfach genial! Jetzt fehlen nur noch die passenden Tassen oder Gläser, um den kleinen Espresso stilvoll zu servieren, das Ganze mit aufgeschäumter Milch zum Cappuccino zu verlängern oder mit viel Milchschaum zum Latte macchiato zu krönen. Als Abschluss eines gelungenen Abendessens gehört der Espresso einfach dazu. Ganz klassisch ist er stark und heiß. Etwas weniger klassisch, dafür umso raffinierter, kommt er aus dem Tiefkühlfach – als Granité.

Espresso zubereiten

1 Espressokanne aufschrauben und mit der entsprechenden Menge Wasser füllen. Vorsicht: Das Ventil nicht mit Wasser bedecken.

2 Das Sieb in das untere Kannenteil setzen. Pro Tasse 1 TL Espressopulver einfüllen, glatt streichen, aber nicht andrücken.

3 Den Rand des Siebes säubern, das Oberteil fest daraufschrauben und die Kanne auf den Herd stellen.

4 Die Kanne auf der Herdplatte erhitzen und warten, bis der Espresso aus dem Steigrohr tropft. Espresso umrühren.

5 Espressotassen vorwärmen und den Espresso mit einem Schwung in die heißen Tassen füllen. Sofort servieren.

6 Die abgekühlte Kanne auseinanderschrauben und das Sieb vorsichtig ausklopfen. Spülen und gut austrocknen.

Latte macchiato zubereiten

1 Das Sieb des Milchaufschäumers aus der Kanne nehmen. Die Kanne zu einem Drittel mit Milch füllen und erhitzen.

2 Die Milch nicht kochen lassen. Das Sieb wieder in die Kanne setzen und schnell auf- und abbewegen, bis ein schöner Schaum entsteht.

3 Den Milchschaum in Latte-macchiato-Gläser füllen. Langsam etwas fertigen Espresso in die heiße Milch gießen.

4 Der Latte macchiato sollte schön geschichtet sein: hell-, dunkelbraun und weiß. Schaum nach Belieben mit Kakaopulver bestäuben.

Kaffeegranité zubereiten

1 In einem Topf ¼ l Wasser mit 75 g Zucker aufkochen und etwa 1 Minute sprudelnd kochen lassen. Abkühlen lassen und mit ¼ l sehr starkem Espresso mischen.

2 Die Mischung in eine flache Metallschale füllen und 2 Stunden ins Tiefkühlfach stellen. Dabei 2- bis 3-mal umrühren, damit sich keine Eiskristalle bilden.

Muffins backen

1 In die Vertiefungen der Muffinform Papierbackförmchen setzen oder die Form einfetten und mit Mehl bestäuben.

2 In einer Schüssel alle trockenen Zutaten vermischen. Die feuchten Zutaten in einer zweiten Schüssel verrühren.

3 Die feuchten zu den trockenen Zutaten geben. Alles kurz mit dem Schneebesen oder einem Kochlöffel verrühren.

4 Den Teig in die Muffinvertiefungen geben. Die Vertiefungen dabei maximal drei Viertel hoch mit dem Teig füllen.

Schokolade in allen Formen

Marmorierte Schokomousse zubereiten

1 300 g Sahne steif schlagen und halbieren. Eine Hälfte mit 1 TL abgeriebener unbehandelter Zitronenschale, die andere mit 1 TL Orangenschale verrühren.

2 75 g weiße Schokolade grob hacken und mit 1 EL Öl in einer Schüssel im heißen Wasserbad unter Rühren schmelzen. Abgekühlte Schokolade zur Zitronensahne geben.

3 Die noch flüssige weiße Schokolade vorsichtig mit dem Teigschaber unter die Zitronensahne heben, bis eine glatte Masse entstanden ist. In den Kühlschrank stellen.

4 75 g Zartbitterschokolade grob hacken und mit 1 EL Öl in einer Schüssel im heißen Wasserbad unter Rühren schmelzen. Abgekühlte Schokolade zur Orangensahne geben.

5 Die noch flüssige Zartbitterschokolade vorsichtig mit dem Teigschaber unter die Orangensahne heben, bis eine glatte Masse entstanden ist.

6 Die dunkle Mousse in einer Schüssel auf der hellen verteilen. Mit einer Gabel von unten nach oben ziehen, sodass die Marmorierung entsteht.

Kuvertüre schmelzen

1 Die Kuvertüre mit einem großen Messer auf einem Schneidebrett in grobe Stücke hacken. So kann sie sich gleichmäßig im heißen Wasserbad auflösen.

2 Zwei Drittel der Kuvertüre in eine Schüssel geben. Die Kuvertüre unter Rühren mit dem Teigschaber im maximal 50 °C heißen Wasserbad langsam schmelzen.

3 Die Schüssel aus dem Wasserbad nehmen. Die restlichen Kuvertürestücke dazugeben und so lange rühren, bis sie sich aufgelöst haben.

4 Den zu überziehenden Kuchen, z. B. Rehrücken, auf ein Kuchengitter setzen und gleichmäßig mit der geschmolzenen Kuvertüre überziehen.

Brownies zubereiten

1 In einer Schüssel 125 g Zucker und 50 g Butter mit dem Handrührgerät schaumig rühren. Nach und nach 2 Eigelb und 2 Eier unterrühren. 2 Eiweiß steif schlagen.

2 100 g Zartbitterschokolade mit 50 g Butter schmelzen. 50 g gehackte Walnüsse unterrühren. 1 TL Backpulver und 100 g Mehl mischen. Mit Eischnee unterheben.

3 Ein Backblech zur Hälfte mit Backpapier auslegen, ein breites Stück Alufolie zur Hälfte darunterschieben, restliche Folie zu einem Rand falten. Teig einfüllen.

4 Den Blechkuchen im auf 180 °C vorgeheizten Ofen auf der mittleren Schiene etwa 25 Minuten backen. Herausnehmen und noch warm in eckige Brownies schneiden.

Schokoladenblätter herstellen

1 Rosenblätter säubern. Mit der Rückseite nach oben auf Backpapier legen und mit einem Pinsel geschmolzene Kuvertüre von der Mitte nach außen mehrmals aufstreichen.

2 Die Blätter 5 Minuten in den Kühlschrank legen. Sobald die Kuvertüre kalt und fest ist, die Rosenblätter am Stiel festhalten und vorsichtig vom Schokoblatt ziehen.

Gut zu wissen

Schokolade ist gesünder als ihr Ruf: Sie steckt voller wertvoller Inhaltsstoffe, wie z. B. Kalzium, Magnesium und Eisen und dem anregenden Alkaloid Theobromin.
Der Geschmack von Kaffee setzt sich aus süßen, bitteren und leicht sauren Komponenten zusammen. In Kaffee hat man mehr als 800 verschiedene Aromastoffe nachgewiesen, durch deren Zusammensetzung jede Kaffeesorte ihr ganz eigenes Profil erhält.
Auch in der Küche können Kaffee- und Schokoladenfans ihrer Leidenschaft frönen. Bei richtiger Handhabung ist gerade die Schokolade in der Zuckerbäckerei eine äußerst vielseitige Zutat.

Als Grundlage in Cremes oder Mousses gibt sie Halt und Stabilität, als Überzug von Kuchen und Torten den nötigen Glanz und eine knusperzarte Hülle.
Beim Schmelzen der Schokolade muss man allerdings darauf achten, dass sie nicht mit Wasser in Berührung kommt – sie läuft sonst Gefahr zu klumpen. Aus flüssiger Schokolade lassen sich fantasievolle Dekorationen zum Anbeißen formen, und sie sorgt so bei jedem Dessert für das gewisse Etwas.
Kaffee, Mokka & Co. lassen sich wunderbar mit den verschiedensten Geschmacksrichtungen kombinieren und behalten trotzdem ihr unverwechselbares Aroma.

Heißes & Kaltes

Orangenkaffee
und Kaffeepunsch

*Besonders für kalte Tage: Mit etwas Hochprozentigem wird
das schwarze Heißgetränk erst recht zum Magen- und Seelenwärmer*

Zutaten

Für den Orangenkaffee:

1 unbehandelte Orange

6 Gewürznelken

3 EL brauner Zucker

300 ml heißer, starker Kaffee

4 cl Orangenlikör

(z.B. Grand Marnier)

100 g Sahne

Für den Kaffeepunsch:

2 EL Rosinen · 4 EL Rum

2 frische Eigelb

2–3 EL Ahornsirup

6 EL Milch · 2 EL Sahne

¼ l heißer, starker Kaffee

2 EL Vanilleeis

Zubereitung

1 Für den Orangenkaffee die Orange heiß waschen und trocken reiben. Für die Deko etwas Orangenschale abreiben und beiseitelegen. Aus der Mitte der Orange 2 dicke Scheiben schneiden, den Rest der Orange auspressen. Die Orangenscheiben mit den Gewürznelken spicken.

2 Den braunen Zucker in einem kleinen Topf leicht karamellisieren. Die gespickten Orangenscheiben dazugeben und mit dem frisch gepressten Orangensaft ablöschen. Das Ganze etwa 3 Minuten köcheln lassen, bis die Flüssigkeit sirupartig eingedickt ist. Die Orangenscheiben wieder entfernen. Den Kaffee und den Orangenlikör dazugeben und untermischen.

3 Die Sahne steif schlagen. Den Kaffee in 2 große Punschgläser gießen. Mit einem Löffel vorsichtig eine Sahnehaube daraufsetzen und mit der Orangenschale garnieren.

4 Für den Kaffeepunsch die Rosinen in einer kleinen Schüssel in 2 EL Rum einweichen und mindestens 1 Stunde ziehen lassen.

5 Die Eigelbe mit Ahornsirup, Milch und Sahne im heißen Wasserbad mit einem Schneebesen schaumig aufschlagen. Kaffee und restlichen Rum dazugeben und noch kurz weiterschlagen.

6 Das heiße Getränk in hohe Punschgläser geben. Das Vanilleeis auf den Kaffee verteilen und die Rumrosinen daraufstreuen.

Kaffee-Cocktail
mit Milch und Grappa

Zutaten

2 cl Grappa

200 ml heißer, starker Espresso

2–4 TL Zucker

200 ml Milch

Kakaopulver zum Bestäuben

Zubereitung
FÜR 2 PERSONEN

1 Den Grappa auf 2 hohe Gläser verteilen. Den Espresso mit dem Zucker verrühren, bis sich der Zucker aufgelöst hat. Zwei Drittel vom Espresso auf den Grappa gießen.

2 Die Hälfte der Milch erwärmen und mit dem restlichen Espresso vermischen. Die Milch-Espresso-Mischung vorsichtig über einen langen Löffel in die Gläser laufen lassen oder ganz langsam hineingießen. Auf diese Weise vermischen sich die Schichten nicht.

3 Die restliche Milch mithilfe der Dampfdüse der Espressomaschine, eines elektrischen Milchaufschäumer-Quirls oder eines Milchaufschäumers aufschäumen und vorsichtig auf dem Espresso verteilen. Mit Kakaopulver bestäuben.

Special Coffee
mit Orangenlikör

Zutaten

1 TL Kakaopulver

2 Msp. Zimtpulver

4 cl Orangenlikör

(z.B. Grand Marnier)

2–4 TL Zucker

200 ml heißer, starker Espresso

2 Zimtstangen

oder 2 Schokoladenlöffel

Zubereitung

FÜR 2 PERSONEN

1 Kakaopulver und Zimt auf 2 Gläser oder Tassen verteilen. Jeweils 2 cl Orangenlikör dazugießen, den Zucker dazugeben und umrühren.

2 Den heißen Espresso auf die Gläser oder Tassen verteilen oder direkt aus der Espressomaschine in die Gläser oder Tassen laufen lassen.

3 Jeweils 1 Zimtstange oder 1 Schokoladenlöffel in den Kaffee geben, wie einen Löffel zum Umrühren benutzen und sofort servieren.

4 Dazu schmecken die Brownies mit Walnüssen von Seite 82 oder der Schokokuchen mit Orangenzesten von Seite 95.

Nusskaffee

und Vanille-Milchkaffee

*Wahre Muntermacher: Vanillekaffee weckt morgens die Lebensgeister,
in den Nachmittagskaffee darf ein kleiner Extraschuss hinein*

Zutaten

Für den Nusskaffee:

80 ml Milch

2 EL gemahlene Haselnüsse

2–4 TL Zucker

2 cl Nusslikör

300 ml heißer, starker Kaffee

Für den Vanille-Milchkaffee:

1 Vanilleschote

300 ml Milch

300 ml heißer, starker Kaffee

Zubereitung
FÜR JE 2 PERSONEN

1 Für den Nusskaffee die Milch mit den gemahlenen Haselnüssen und dem Zucker aufkochen. Vom Herd nehmen und mit den Quirlen des Handrührgeräts etwa 30 Sekunden schlagen. Den Nusslikör unterrühren.

2 Den Kaffee auf 2 Tassen oder Gläser verteilen. Die Haselnussmilch durch ein Sieb dazugießen und verrühren.

3 Für den Vanille-Milchkaffee die Vanilleschote der Länge nach aufschneiden und das Mark herauskratzen. Vanillemark und -schote mit der Milch in einem kleinen Topf kurz aufkochen lassen und die Schote wieder entfernen. Die Milch mithilfe eines Schneebesens oder eines elektrischen Milchaufschäumer-Quirls aufschäumen.

4 Den Kaffee auf 2 hohe Gläser verteilen und mit der aufgeschäumten Milch aufgießen. Nach Belieben mit Zucker süßen und mit Vanilleschoten dekorieren.

Tipp

Neben Gewürzen wie Anis, Zimt, Kardamom und Muskatnuss können Sie Kaffee auch mit Schokoladensirup, Karamell sowie gemahlenen Nüssen und Pistazien aromatisieren.

Café de Cuba
mit Rum und Limette

*Da kommt karibisches Feeling auf: Mit Rum und Limettensaft ist
dieser eisgekühlte Kaffee-Cocktail genau das Richtige für heiße Nächte*

Zutaten

300 ml heißer, starker Kaffee

60–80 g Puderzucker

4 cl weißer Rum

2 TL Limettensaft

6 Eiswürfel

4 EL Sahne

2 unbehandelte
Zitronenscheiben

1 TL Kaffeepulver

Zubereitung
FÜR 2 PERSONEN

1 Den Kaffee mit dem Puderzucker gut verrühren und mindestens 30 Minuten im Kühlschrank abkühlen lassen.

2 Den Rum und den Limettensaft zum abgekühlten Kaffee geben und vermischen.

3 Die Eiswürfel grob zerstoßen und in 2 große Eiskaffeegläser geben. Die Kaffee-Rum-Mischung darübergießen.

4 Die Sahne halb steif schlagen. Vorsichtig mit einem Löffel eine Sahnehaube auf das Kaffeegemisch setzen.

5 Für die Garnitur die Zitronenscheiben in etwas Kaffeepulver wenden und an den Glasrand stecken. Den Kaffee-Cocktail nach Belieben noch mit Minzeblättern garnieren.

Tipp

Etwas milder im Geschmack wird der Café de Cuba, wenn Sie statt weißem Rum braunen Rum und statt Limettensaft Orangensaft verwenden. Dann erst zum Schluss mit Puderzucker süßen.

Orientalischer Kaffee
mit Zimt und Kardamom

Zutaten

¹/₄ l Milch

2–3 TL Espressopulver

1–2 TL brauner Zucker

¹/₂ Zimtstange

¹/₂ TL Kardamomsamen

frisch geriebene Muskatnuss

Zubereitung
FÜR 2 PERSONEN

1 Die Milch und 100 ml Wasser in einem kleinen Topf aufkochen und vom Herd nehmen.

2 Das Espressopulver, den braunen Zucker, die Zimtstange, die Kardamomsamen und 1 Prise Muskatnuss in die heiße Flüssigkeit geben und etwa 3 Minuten darin ziehen lassen.

3 Den gewürzten Kaffee durch ein feines Sieb gießen und zurück in den Topf geben. Den Topf wieder auf den Herd stellen. Den Kaffee heiß werden lassen und mit einem Schneebesen oder mit dem Milchaufschäumer schaumig aufschlagen. Den Kaffee sofort in Tassen füllen und, nach Belieben mit einem Milchschaumhäubchen, heiß servieren.

Café mexicano
mit Schokolade

Zutaten

2 Stück Zartbitter-
schokolade (20 g)

etwas Zimtpulver

$\frac{1}{4}$ l heißer, starker Kaffee

4 cl Kahlúa (mex. Kaffeelikör)

2 Zimtstangen

Zubereitung
FÜR 2 PERSONEN

1 Zwei Kaffeetassen vorwärmen. In jede Tasse
1 Stück Zartbitterschokolade und 1 Prise Zimt
geben.

2 Den Kaffee mit dem Kaffeelikör mischen und
über die Schokolade gießen. Mit einem Löffel
vorsichtig umrühren, bis die Schokolade zu
schmelzen beginnt.

3 Den fertigen Café mexicano mit je 1 Zimtstange anstelle eines Löffels servieren. Nach
Belieben mit Zucker süßen.

4 Dazu schmecken die Pekannussplätzchen mit
Schokolade von Seite 154 oder auch die herzhaften Maismuffins mit Paprika von Seite 274.

Mandel-Eiskaffee
und Kaffee-Frappé

Zwei erfrischende Sommerhits: Gibt es etwas Schöneres,
als an heißen Tagen im Freien zu sitzen und Eiskaffee zu löffeln?

Zutaten

Für den Eiskaffee:

50 g Sahne

2 Kugeln Vanilleeis

ca. ¼ l kalter, starker Kaffee

2 cl Mandelsirup oder Amaretto
(ital. Mandellikör)

Für das Kaffee-Frappé:

½ Zimtstange

1 Stück unbehandelte
Orangenschale

2 Gewürznelken

300 ml heißer, starker Kaffee

ca. 6 Eiswürfel

4–6 TL brauner Zucker

4 EL Sahne

Zubereitung
FÜR JE 2 PERSONEN

1 Für den Eiskaffee die Sahne mit einem Schneebesen oder den Quirlen des Handrührgeräts halb steif schlagen.

2 Das Vanilleeis auf 2 große Gläser verteilen. Den Kaffee mit dem Mandelsirup oder Amaretto mischen und darübergießen.

3 Beide Gläser mit einer Sahnehaube garnieren und nach Belieben mit Mandelsplittern und Schokospänen bestreuen.

4 Für das Kaffee-Frappé die Zimtstange, die Orangenschale und die Gewürznelken in einen kleinen Topf geben und den heißen Kaffee darübergießen. Etwas abkühlen lassen.

5 Die Kaffeemischung zugedeckt im Kühlschrank mindestens 2 Stunden ziehen lassen. Der Kaffee sollte den Geschmack der Gewürze annehmen und abkühlen.

6 Den Kaffee durch ein Sieb gießen und im Küchenmixer mit den Eiswürfeln und dem braunen Zucker gut durchmixen, bis die Eiswürfel zerkleinert sind.

7 Die Sahne dazugeben und alles nochmals im Mixer schaumig aufschlagen. Das Kaffee-Frappé in 2 Longdrinkgläser gießen und sofort servieren.

Tipp

Der Mandel-Eiskaffee schmeckt auch mit 1 Kugel Walnuss- oder Schokoladeneis. Dann am besten mit 1 Prise Zimt aromatisieren. Und mit einigen gehackten Pistazien ist die Sommerlaune perfekt.

Gewürzkaffee
mit Cognac und Likör

Orient trifft auf Okzident: Frischer Kaffee wird mit exotischen Gewürzen aromatisiert und mit französischem Weinbrand verfeinert

Zutaten

abgeriebene Schale von
½ unbehandelten Orange

½ Zimtstange

4 grüne Kardamomkapseln

2 EL Zucker

⅛ l Cognac

3 cl Orangenlikör
(z.B. Grand Marnier)

50 g Sahne

¼ l heißer, starker Kaffee

1 TL fein gehackte Pistazien

Zubereitung
FÜR 2 PERSONEN

1 Etwas Orangenschale zum Garnieren beiseitelegen, den Rest in einen Topf geben. Die Zimtstange grob zerkleinern, mit dem Kardamom im Mörser zerdrücken und zu der Orangenschale in den Topf geben.

2 Den Zucker, den Cognac und den Orangenlikör zu den Gewürzen geben und alles unter Rühren langsam erhitzen, bis sich der Zucker aufgelöst hat.

3 Die Sahne steif schlagen. Den Topf vom Herd nehmen, die Weinbrandmischung mit einem langen Streichholz anzünden, flambieren und ausbrennen lassen.

4 Den Kaffee hinzufügen und die Mischung durch ein Sieb in 2 Tassen gießen. Die Sahne darauf verteilen und mit den Pistazien und der restlichen Orangenschale bestreuen.

Tipp

Kardamom besitzt einen leicht scharfen, sehr würzigen Geschmack. Man verwendet entweder die grünen Kapseln im Ganzen oder die ausgelösten und nach Belieben gemahlenen schwarzen Samen.

Kaffee-Smoothie
und Coffee on the rocks

Etwas mehr als kalter Kaffee: Gut geschüttelt, machen
diese coolen Mixgetränke jedem Cocktail Konkurrenz

Zutaten

Für den Kaffee-Smoothie:

400 ml heißer, starker Kaffee

1–2 EL brauner Zucker

2 Bananen · ½ Vanilleschote

2 EL gemahlene Mandeln

2 TL Ahornsirup

4–6 Eiswürfel

Minze zum Garnieren

Für den Coffee on the rocks:

ca. 8 Eiswürfel

4 TL Puderzucker

200 ml kalter, starker Kaffee

2 cl Cognac

2 cl Orangenlikör

(z. B. Grand Marnier)

Zubereitung
FÜR JE 2 PERSONEN

1 Für den Kaffee-Smoothie den heißen Kaffee mit dem braunen Zucker vermischen, bis dieser sich aufgelöst hat. Zugedeckt mindestens 30 Minuten im Kühlschrank abkühlen lassen.

2 Die Bananen schälen und in grobe Stücke schneiden. Die Vanilleschote der Länge nach aufschneiden und das Mark mit einem spitzen Messer herauskratzen.

3 Die Bananenstücke und das Vanillemark mit dem Kaffee, den Mandeln und dem Ahornsirup in den Küchenmixer geben und pürieren. Die Eiswürfel dazugeben und nochmals durchmixen, bis die Eiswürfel grob zerkleinert sind.

4 Den Smoothie in 2 Longdrinkgläser füllen und mit Minze und nach Belieben Bananenscheiben dekorieren.

5 Für den Coffee on the rocks einen Shaker etwa zu zwei Dritteln mit Eiswürfeln füllen. Die restlichen Zutaten dazugeben und alles gut durchmixen.

6 Jeweils 2 Eiswürfel in Whisk(e)ygläser geben. Den Drink durch ein Barsieb in die vorbereiteten Gläser gießen.

Kahlúa-Kaffee
mit Walnusseis

Zutaten

4 EL Sahne

2 cl Kahlúa (mex. Kaffeelikör)

300 ml heißer, starker Kaffee

2 EL Ahornsirup

2 Kugeln Walnusseis

2 Walnusshälften zum Garnieren

Zubereitung
FÜR 2 PERSONEN

1 Die Sahne mit dem Kaffeelikör in einen kleinen Topf geben und kurz erwärmen.

2 Den Kaffee mit dem Ahornsirup vermischen und auf 2 Tassen verteilen. Jeweils die Hälfte der Likörsahne in die Tassen geben.

3 Das Walnusseis daraufsetzen und mit je 1 Walnusshälfte garnieren.

4 Dazu schmecken die Zimtkekse von Seite 138 oder die Kartoffelhörnchen mit Schafskäsefüllung von Seite 267.

Kalte Schokomilch
mit Kaffee und Eis

Zutaten

50 g Vollmilchkuvertüre

½ l Milch

100 g Zartbitterschokolade

½ TL Instant-Kaffeepulver

50 g Sahne · 1 TL Zucker

4 Kugeln Schokoladeneis

Zubereitung

FÜR 2–4 PERSONEN

1 Die Kuvertüre grob hacken und in einer Metall-schüssel im heißen Wasserbad unter Rühren schmelzen lassen. Die geschmolzene Kuvertüre auf ein Stück Backpapier gießen und mit einer Palette oder einem breiten Messer etwa 2 mm dick verstreichen.

2 Sobald die Kuvertüre fest zu werden beginnt, mit einem breiten Messer oder einem Spatel in Röllchen vom Papier schaben.

3 Die Milch in einem Topf bei schwacher Hitze erwärmen. Die Schokolade fein hacken. Mit dem Kaffeepulver zur Milch geben und unter Rühren schmelzen lassen. Die Schokomilch abkühlen lassen und zugedeckt kühl stellen.

4 Die Sahne mit dem Zucker in einem hohen Rühr-becher steif schlagen. Jeweils 1 bis 2 Kugeln Schokoladeneis auf gut gekühlte Gläser vertei-len und die kalte Schokomilch darübergießen. Je 1 Klecks geschlagene Sahne daraufsetzen und mit den Schokoröllchen garnieren.

Heiße Schokolade
mit echter Vanille

*Süßer Seelentröster: Diese heiße Schokolade mit herrlichem
Vanilleduft wärmt Herz und Hände wie in Kindheitstagen*

Zutaten

1 Vanilleschote

1 l Milch

100 g Zartbitterschokolade

3 EL Zucker

Kakaopulver zum Bestäuben

Zubereitung
FÜR 4 PERSONEN

1 Die Vanilleschote der Länge nach aufschneiden und mit ³/₄ l Milch in einem Topf aufkochen lassen.

2 Die Schokolade fein hacken. Etwa 100 ml heiße Vanillemilch in einen zweiten Topf geben und die Schokolade darin unter Rühren schmelzen lassen.

3 Die Vanilleschote aus der Milch nehmen und aus einer Hälfte das Mark herauskratzen. Das Vanillemark mit dem Zucker unter die geschmolzene Schokolade rühren. Je 1 TL auf vorgewärmte Gläser verteilen, den Rest unter die noch heiße Vanillemilch rühren.

4 Die restliche Milch in einem Topf bei schwacher Hitze erwärmen, dabei nicht kochen lassen und mit dem Milchaufschäumer aufschäumen. Die heiße Schokolade auf die Gläser verteilen und den Milchschaum daraufgeben. Durch ein feines Sieb mit Kakao bestäuben.

Tipp

Schokolade ist nicht gleich Schokolade: Damit die Trinkschokolade auch richtig verführerisch schmeckt, sollten Sie nur ein Produkt bester Qualität mit mindestens 60 % Kakaoanteil verwenden.

Gewürzte Schokomilch
mit Kokossahne

*Heiß begehrt: Mit dieser exotisch gewürzten Schokomilch rückt
der Traum von der Karibik Schluck für Schluck ein Stückchen näher*

Zutaten

2 TL schwarze Teeblätter

je 1 Msp. Zimt-, Nelken-,
Kardamom- und Ingwerpulver

1 Vanilleschote

600 ml Milch

3 EL Kakaopulver

100 g Zartbitterschokolade

100 g Sahne

1 EL Puderzucker

4 cl Kokoslikör

(z. B. Batida de Coco)

Zimtpulver zum Bestäuben

Zubereitung

FÜR 4 PERSONEN

1 In einem Topf 200 ml Wasser zum Kochen bringen. Den Tee dazugeben, einmal aufkochen lassen und den Topf vom Herd nehmen. Die gemahlenen Gewürze hinzufügen und den Tee 5 Minuten ziehen lassen.

2 Die Vanilleschote der Länge nach aufschneiden und mit der Milch und dem Kakao in einem Topf erhitzen. Die Schokolade fein hacken, zur Kakaomilch geben und unter Rühren darin schmelzen lassen.

3 Die Sahne mit dem Puderzucker in einem hohen Rührbecher steif schlagen, dabei nach und nach den Likör unterrühren. Den Gewürztee durch einen Teefilter zur heißen Schokomilch gießen. Die Vanilleschote wieder entfernen.

4 Die Schokomilch auf Tassen verteilen und je 1 Klecks Kokossahne daraufgeben. Mit etwas Zimt bestäuben und nach Belieben mit gerösteten Kokosspänen garniert servieren.

Tipp

Wer mag, kann die Schokoladenmilch auch einmal mit Schokoladenraspeln und angerösteten Mandelstiften oder -blättchen garnieren. Für Kinder kann man den Likör durch Kokossirup ersetzen.

Schokoladenlikör
mit Glitzerplätzchen

Geschüttelt, nicht gerührt: Dieser etwas andere Schokodrink
ist nichts für Kids, bringt aber garantiert jede Großmutter in Schwung

Zutaten

Für den Likör:

250 g Vollmilchschokolade

4 frische Eigelb

300 g Zucker

1/2 l Milch

1 Päckchen Vanillezucker

je 1/8 l Weingeist und Rum

Für die Plätzchen:

200 g Vollmilchschokolade

3 EL silberne Zuckerperlen

(Backdekorperlen)

Zubereitung

1 Für den Likör die Schokolade grob hacken. In einer Metallschüssel im heißen Wasserbad unter Rühren schmelzen und abkühlen lassen. Die Eigelbe in einer Schüssel mit der Hälfte des Zuckers schaumig schlagen. Nach und nach die geschmolzene Schokolade unterrühren.

2 Die Milch in einem Topf mit dem restlichen Zucker und dem Vanillezucker einmal aufkochen und etwa 10 Minuten abkühlen lassen. Die Vanillemilch durch ein Sieb zur Schokoladenmasse gießen und unterrühren.

3 Den Weingeist und den Rum zur Schokoladencreme geben und alles gut verrühren. Den Schokoladenlikör zugedeckt etwa 3 Stunden kühl stellen.

4 Für die Plätzchen die Schokolade fein hacken und in einen Gefrierbeutel geben. Den Beutel gut verschließen und die Schokolade darin im heißen Wasserbad schmelzen lassen.

5 Ein Backblech mit Backpapier auslegen. Die Zuckerperlen im Blitzhacker fein hacken. Den Gefrierbeutel mit der geschmolzenen Schokolade aus dem Wasserbad nehmen. Am unteren Ende eine kleine Ecke abschneiden und aus der Schokolade etwa 20 Kreise à 6 cm Durchmesser auf das Backpapier spritzen. Die Schokoladenplätzchen mit den Silberstreuseln verzieren und fest werden lassen.

6 Den Schokolikör auf gut gekühlte Gläser verteilen, nach Belieben Eiswürfel hinzufügen und mit den Glitzerplätzchen servieren. Restlichen Likör in einem Glasgefäß aufbewahren und höchstens 2 Wochen kühl und gut verschlossen lagern.

Heiße Schokolade
mit Lavendelblüten

In aller Ruhe dahinschmelzen: Dieses unwiderstehliche Schokorezept
mit Lavendel aus der Provence sorgt für vollkommene Entspannung

Zutaten

60 g Vollmilchschokolade
mit Lavendel (aus dem
Schokoladenladen)

300 ml Milch

1 EL Zucker

50 g Sahne

Kakaopulver zum Bestäuben

Zubereitung
FÜR 2 PERSONEN

1 Die Schokolade fein hacken. Mit der Milch und dem Zucker
in einen Topf geben und bei schwacher Hitze unter Rühren
schmelzen lassen.

2 Die Sahne in einem hohen Rührbecher halb steif schlagen.
Die heiße Schokoladenmilch mit dem Schneebesen kurz
aufschlagen.

3 Die heiße Schokolade auf Tassen verteilen und je 1 Klecks
Sahne daraufsetzen. Die Schokolade durch ein feines Sieb
mit Kakao bestäuben und nach Belieben mit unbehandelten,
getrockneten Lavendelblüten garnieren.

Tipp

Lavendel sollte man in der Küche nur sparsam verwenden, da er einen sehr intensiven, aber wunderbar aromatischen, leicht süßlichen Duft verströmt.
Die Blüten sollen eine beruhigende Wirkung haben.

Muffins & Co.

Schokomuffins
auf klassische Art

Immer eine Sünde wert: Mit dem absoluten Star der Coffeeshops
stehen Sie garantiert auf der Schokoladenseite des Lebens

Zutaten

Fett und Mehl für die Form

3 EL Butter

60–80 g Zartbitterschokolade

200 g Mehl

100 g Zucker

1 Päckchen Vanillezucker

2 TL Backpulver

2 geh. EL Kakaopulver

½ TL Natron · Salz

2 Eier

150 ml Milch

Zubereitung

FÜR CA. 12 STÜCK

1 Den Backofen auf 180 °C vorheizen. Die Vertiefungen einer Muffinform einfetten und mit Mehl bestäuben oder Papierförmchen hineinsetzen. Die Butter in einem kleinen Topf bei schwacher Hitze zerlassen. Die Schokolade fein hacken.

2 Das Mehl mit dem Zucker, dem Vanillezucker, dem Backpulver, dem Kakao, dem Natron und 1 Prise Salz in einer Schüssel vermischen. Die Eier mit der Milch und der flüssigen Butter in einer zweiten Schüssel verrühren.

3 Die Eimasse zur Mehl-Kakao-Mischung geben und mit dem Schneebesen oder einem Kochlöffel nur so lange verrühren, bis alle Zutaten feucht sind. Die Schokolade unterheben.

4 Den Teig maximal drei Viertel hoch in die Vertiefungen der Muffinform füllen und die Muffins im Backofen auf der mittleren Schiene 20 bis 25 Minuten backen. Aus dem Ofen nehmen und etwa 5 Minuten ruhen lassen. Die Muffins aus der Form lösen und abkühlen lassen.

Tipp

Chocoholics können die Muffins noch mit einer Schokoglasur überziehen. Dafür je 75 g Vollmilch- und Zartbitterkuvertüre schmelzen lassen und je eine Muffinseite damit überziehen.

Orangenmuffins
mit Schokostücken

Zutaten

Fett und Mehl für die Form

280 g Mehl

80 g fein gehacktes Orangeat

2 $\frac{1}{2}$ TL Backpulver

$\frac{1}{2}$ TL Natron · Salz

1 Ei · 100 g Zucker

80 ml Öl · 100 ml Orangensaft

200 g Buttermilch

3 unbehandelte Orangenscheiben

70 g Schokolinsen

(oder -nuggets)

Zubereitung
FÜR CA. 12 STÜCK

1 Den Backofen auf 180 °C vorheizen. Die Vertiefungen einer Muffinform einfetten und mit Mehl bestäuben oder Papierförmchen hineinsetzen. Das Mehl mit dem Orangeat, dem Backpulver, dem Natron und 1 Prise Salz vermischen.

2 Das Ei in einer Schüssel verquirlen. Zucker, Öl, Orangensaft und Buttermilch dazugeben und gut verrühren. Die Mehlmischung zur Buttermilchmasse geben und mit dem Schneebesen oder einem Kochlöffel nur so lange verrühren, bis alle Zutaten feucht sind.

3 Die Orangenscheiben vierteln. Die Schokolinsen nur kurz unter den Teig heben. Den Teig maximal drei Viertel hoch in die Vertiefungen der Muffinform füllen und je 1 Orangenviertel darauflegen. Die Muffins im Backofen auf der mittleren Schiene etwa 25 Minuten backen.

4 Die Orangenmuffins aus dem Ofen nehmen und etwa 5 Minuten ruhen lassen. Dann aus der Form lösen und abkühlen lassen.

Cappuccinomuffins
mit Mascarponecreme

Zutaten

Für die Mascarponecreme:

2 frische Eigelb · 3 EL Zucker

1 Päckchen Vanillezucker

250 g Mascarpone

Für die Muffins:

Fett und Mehl für die Form

250 g Mehl · 1 EL Kakaopulver

2 Päckchen Cappuccino-

pulver (à 12,5 g)

2 ½ TL Backpulver

½ TL Natron · Salz

1 Ei · 125 g Rohrzucker

1 Päckchen Vanillezucker

80 ml Öl · 100 g Frischkäse

300 g Buttermilch

Zubereitung

FÜR CA. 12 BZW. 24 STÜCK

1 Die Eigelbe mit dem Zucker und dem Vanillezucker schaumig schlagen. Den Mascarpone
löffelweise unterrühren und die Creme kühl
stellen. Den Backofen auf 180 °C vorheizen.
Die Vertiefungen einer Muffin- bzw. einer
Minimuffinform einfetten und mit Mehl bestäuben oder Papierförmchen hineinsetzen.

2 Das Mehl mit Kakao- und Cappuccinopulver,
Backpulver, Natron und 1 Prise Salz in einer
Schüssel vermischen. Das Ei in einer zweiten
Schüssel verquirlen. Zucker, Vanillezucker, Öl,

Frischkäse und Buttermilch unterrühren. Die
Mehlmischung zur Buttermilchmasse geben
und mit dem Schneebesen oder einem Kochlöffel nur so lange verrühren, bis alle Zutaten
feucht sind.

3 Den Teig maximal drei Viertel hoch in die
Vertiefungen der Muffinform füllen und im
Backofen auf der mittleren Schiene je nach
Größe 15 bis 25 Minuten backen. Herausneh-
men und kurz ruhen lassen. Die Muffins aus
der Form lösen, abkühlen lassen und mit der
Mascarponecreme anrichten. Oder mit Schoko-
ladenguss und Kaffeebohnen dekorieren.

Espressomuffins
mit Frischkäsehaube

Der kleine Schwarze mal anders serviert: Espressofans
finden ihr Lieblingsgetränk hier unter einer cremigen Haube wieder

Zutaten

Fett und Mehl für die Form

60 g Mehl · 70 g Speisestärke

2 TL Backpulver

1/2 TL Natron · 75 g Zucker

Salz · 2 Eier

100 g flüssige Butter

75 ml kalter, starker Espresso

200 g Frischkäse

1 EL Crème fraîche

1 Päckchen Vanillezucker

3 EL Puderzucker

Kakaopulver zum Bestäuben

Zubereitung
FÜR CA. 12 STÜCK

1 Den Backofen auf 180 °C vorheizen. Die Vertiefungen einer Muffinform einfetten und mit Mehl bestäuben oder Papierförmchen hineinsetzen.

2 Das Mehl, 60 g Speisestärke, das Backpulver, das Natron, den Zucker, 1 Prise Salz, die Eier, die Butter und den Espresso in eine Schüssel geben und mit den Quirlen des Handrührgeräts zu einem glatten Teig verrühren.

3 Den Teig maximal drei Viertel hoch in die Vertiefungen der Muffinform füllen und die Muffins im Backofen auf der mittleren Schiene etwa 20 Minuten backen.

4 Inzwischen Frischkäse, Crème fraîche, restliche Speisestärke, Vanillezucker und Puderzucker in einer zweiten Schüssel verrühren. Die Frischkäsecreme auf den heißen Muffins verteilen und im Backofen weitere 10 Minuten backen. Aus dem Ofen nehmen und etwa 5 Minuten ruhen lassen. Die Muffins aus der Form lösen, abkühlen lassen und mit Kakao bestäuben.

Tipp

Besonders raffiniert wird die Frischkäsehaube, wenn man die Creme mit einigen Tropfen Kaffeelikör (z. B. Kahlúa) oder Mandellikör (z. B. Amaretto) verfeinert oder 2 EL gehackte Schokolade untermischt.

Heidelbeermuffins
mit Orangenaroma

Süß und saftig: Der Klassiker aus den USA gehört ohne Zweifel immer noch zu den unangefochtenen Lieblingsmuffins weltweit

Zutaten

Fett und Mehl für die Form

200 g Heidelbeeren

2–3 Orangen

(davon 1 unbehandelt)

250 g Mehl

100 g brauner Zucker

2 TL Backpulver

1/2 TL Natron · Salz

1 Ei · 60 ml Öl

Puderzucker zum Bestäuben

Zubereitung
FÜR CA. 12 STÜCK

1 Den Backofen auf 180 °C vorheizen. Die Vertiefungen einer Muffinform einfetten und mit Mehl bestäuben oder Papierförmchen hineinsetzen. Die Heidelbeeren verlesen, waschen und auf Küchenpapier abtropfen lassen.

2 Die unbehandelte Orange heiß waschen und trocken reiben. 1/2 EL Schale fein abreiben und alle Orangen auspressen. Das Mehl mit dem Zucker, dem Backpulver, dem Natron und 1 Prise Salz in einer Schüssel vermischen.

3 Das Ei, das Öl und die Orangenschale in einer zweiten Schüssel verrühren. 1/4 l Orangensaft durch ein feines Sieb dazugießen. Die Saftmischung zur Mehlmischung geben und mit dem Schneebesen oder einem Kochlöffel nur so lange verrühren, bis alle Zutaten feucht sind. Gegebenenfalls noch etwas Orangensaft unterrühren, der Teig sollte leicht zäh sein. Die Heidelbeeren nur kurz unter den Teig heben.

4 Den Teig maximal drei Viertel hoch in die Vertiefungen der Muffinform füllen und die Muffins im Backofen auf der mittleren Schiene etwa 30 Minuten goldbraun backen. Aus dem Ofen nehmen und etwa 5 Minuten ruhen lassen. Die Muffins aus der Form lösen, abkühlen lassen und durch ein feines Sieb leicht mit Puderzucker bestäuben.

Tipp

Frische Heidelbeeren haben von Juni bis September Saison. Sie können aber auch tiefgekühlte Heidelbeeren verwenden und diese unaufgetaut direkt unter den Teig heben.

Kirschmuffins
mit Haferflocken

Zwei, die sich gut ergänzen: Verführerisches Früchtchen trifft auf
gesundes Korn – und das Ergebnis ist mehr als köstlich

Zutaten

Fett und Mehl für die Form

150 g Butter

220 g Sauerkirschen

(aus dem Glas)

250 g Mehl

60 g feine Haferflocken

1 TL Zimtpulver

2 TL Backpulver · ½ TL Natron

Salz · 2 Eier · 150 g Zucker

1 Päckchen Vanillezucker

200 g Naturjoghurt

(oder saure Sahne)

Puderzucker zum Bestäuben

Zubereitung
FÜR CA. 12 STÜCK

1 Den Backofen auf 180 °C vorheizen. Die Vertiefungen einer Muffinform einfetten und mit Mehl bestäuben oder Papierförmchen hineinsetzen. Die Butter in einem Topf bei schwacher Hitze zerlassen und etwas abkühlen lassen. Kirschen in ein Sieb abgießen und abtropfen lassen.

2 Das Mehl mit den Haferflocken, dem Zimt, dem Backpulver, dem Natron und 1 Prise Salz in einer Schüssel vermischen. Die Eier in einer zweiten Schüssel verquirlen. Den Zucker, den Vanillezucker und die flüssige Butter unterrühren. Den Joghurt oder die saure Sahne untermischen. Die Masse mit den Kirschen zur Mehlmischung geben und mit dem Schneebesen oder einem Kochlöffel nur so lange verrühren, bis alle Zutaten feucht sind.

3 Den Teig maximal drei Viertel hoch in die Vertiefungen der Muffinform füllen und die Muffins im Backofen auf der mittleren Schiene 20 bis 25 Minuten goldbraun backen. Aus dem Ofen nehmen und etwa 5 Minuten ruhen lassen. Die Muffins aus der Form lösen, abkühlen lassen und durch ein feines Sieb leicht mit Puderzucker bestäuben.

Tipp

Zur Kirschsaison können Sie die Muffins auch mit frischen Kirschen zubereiten. Oder ersetzen Sie die Kirschen durch andere Früchte, z. B. Rote Johannisbeeren oder Mandarinen aus der Dose.

Joghurttörtchen
mit Kokosraspeln

Zutaten

Fett und Mehl für die Form

200 g Mehl

50 g Kokosraspel

2 TL abgeriebene unbehandelte Orangenschale

2 TL Backpulver · ½ TL Natron

Salz · 1 Ei

75 g Zucker · 5 EL Öl

150 g Naturjoghurt

100 ml Orangensaft

1 EL Orangenlikör (z. B. Grand Marnier)

100 g Puderzucker

rote Lebensmittelfarbe

Zubereitung

FÜR CA. 24 STÜCK

1 Den Backofen auf 180 °C vorheizen. Die Vertiefungen einer Minimuffinform einfetten und mit Mehl bestäuben oder Papierförmchen hineinsetzen.

2 Das Mehl mit Kokosraspeln, Orangenschale, Backpulver, Natron und 1 Prise Salz in einer Schüssel vermischen. Das Ei in einer zweiten Schüssel leicht verquirlen. Zucker, Öl, Joghurt, Orangensaft und -likör unterrühren. Die Eimasse mit der Mehlmischung nur so lange verrühren, bis alle Zutaten feucht sind.

3 Den Teig maximal drei Viertel hoch in die Vertiefungen der Muffinform füllen und die Muffins im Backofen auf der mittleren Schiene 15 bis 20 Minuten goldbraun backen. Herausnehmen und etwa 5 Minuten ruhen lassen. Aus der Form lösen und abkühlen lassen.

4 Den Puderzucker mit 1 EL Wasser verrühren und mit einigen Tropfen Lebensmittelfarbe rosa färben. Je 1 Klecks Guss auf die Muffins geben, nach Belieben mit rosafarbenen Zuckerblumen verzieren und mit Puderzucker bestäuben.

Apfelmuffins
mit Zimt und Buttermilch

Zutaten

Für die Muffins:

Fett und Mehl für die Form

300 g Äpfel · 2 EL Zitronensaft

260 g Mehl · 2 ½ TL Backpulver

½ TL Natron · 2 TL Zimtpulver

1 Ei · 130 g Zucker

1 Päckchen Vanillezucker

80 ml Öl · 250 g Buttermilch

Für die Streusel:

80 g Mehl · 80 g Zucker

80 g weiche Butter

1 TL Zimtpulver

Außerdem:

Puderzucker zum Bestäuben

Zubereitung
FÜR CA. 12 STÜCK

1 Den Backofen auf 180 °C vorheizen. Die Vertiefungen einer Muffinform einfetten und mit Mehl bestäuben oder Papierförmchen hineinsetzen. Die Äpfel schälen, vierteln, entkernen und in kleine Stücke schneiden. Apfelstücke mit Zitronensaft beträufeln. Mehl, Backpulver, Natron und Zimt in einer Schüssel mischen, die Apfelstücke unterrühren.

2 In einer zweiten Schüssel das Ei verquirlen, den Zucker, den Vanillezucker, das Öl und die Buttermilch dazugeben und gut verrühren.

3 Die Eiermasse mit der trockenen Apfel-Mehl-Mischung nur so lange verrühren, bis alle Zutaten feucht sind. Für die Streusel alle Zutaten mit den Händen zu Streuseln verkneten.

4 Den Teig maximal drei Viertel hoch in die Vertiefungen der Muffinform füllen, mit Streuseln bestreuen und diese etwas andrücken. Die Muffins im Backofen auf der mittleren Schiene 20 bis 25 Minuten goldbraun backen. Herausnehmen und etwa 5 Minuten ruhen lassen. Die Muffins aus der Form lösen, abkühlen lassen und mit Puderzucker bestäubt servieren.

Pistazienmuffins
mit Vanille und Marzipan

Konkurrenz für Mozartkugeln: Der weltberühmte Mix aus Pistazien und Marzipan verwandelt schlichte Muffins in allerfeinstes Backwerk

Zutaten

Fett und Mehl für die Form

1/8 l Milch

100 g Marzipanrohmasse

60 g weiche Butter

3 Eier

70 g Zucker

1 Päckchen Vanillezucker

200 g Mehl

100 g gemahlene Pistazien

1 TL Backpulver

1/2 TL Natron · Salz

Zubereitung
FÜR CA. 12 STÜCK

1 Den Backofen auf 180 °C vorheizen. Die Vertiefungen einer Muffinform einfetten und mit Mehl bestäuben oder Papierförmchen hineinsetzen.

2 Die Milch in einem kleinen Topf lauwarm erwärmen. Die Marzipanrohmasse grob zerkleinern und unter Rühren in der Milch schmelzen lassen. Marzipanmilch mit der Butter, den Eiern, dem Zucker und dem Vanillezucker in einer Schüssel verrühren. Das Mehl mit den Pistazien, dem Backpulver, dem Natron und 1 Prise Salz in einer zweiten Schüssel vermischen.

3 Die Marzipanmasse zur Mehlmischung geben und mit dem Schneebesen oder einem Kochlöffel nur so lange verrühren, bis alle Zutaten feucht sind.

4 Den Teig maximal drei Viertel hoch in die Vertiefungen der Muffinform füllen und die Muffins im Backofen auf der mittleren Schiene 20 bis 25 Minuten goldbraun backen. Aus dem Ofen nehmen und etwa 5 Minuten ruhen lassen. Die Muffins aus der Form lösen und abkühlen lassen.

Tipp

Wenn Sie das Rezept leicht variieren möchten, können Sie die Pistazien durch gemahlene Mandeln ersetzen. Oder verzieren Sie die Muffins mit einer Glasur aus Schokolade mit Kaffeegeschmack.

Cranberrymuffins
mit Vanillearoma

*Süße Grüße aus Übersee: Die amerikanische Verwandte
unserer Preiselbeere bringt frischen Wind in die Muffinbackstube*

Zutaten

Fett und Mehl für die Form

2 Vanilleschoten

100 g weiche Butter

175 g Zucker

2 Eier · Salz

250 g Mehl

2 TL Backpulver

1/2 TL Natron

150 ml Milch

225 g Cranberrys

Zubereitung
FÜR CA. 12 STÜCK

1 Den Backofen auf 175 °C vorheizen. Die Vertiefungen einer Muffinform einfetten und mit Mehl bestäuben oder Papierförmchen hineinsetzen. Oder 12 Streifen Pergamentpapier zu Förmchen formen und mit Küchengarn festbinden.

2 Die Vanilleschoten der Länge nach aufschneiden und das Mark mit einem spitzen Messer herauskratzen. Die Butter mit dem Zucker in einer Schüssel schaumig schlagen. Die Eier, das Vanillemark und 1 Prise Salz unterrühren.

3 Das Mehl mit dem Backpulver und dem Natron in einer zweiten Schüssel vermischen. Abwechselnd mit der Milch unter die Eiermasse rühren. Die Cranberrys verlesen, waschen, trocken tupfen und nur kurz unter den Teig heben.

4 Den Teig maximal drei Viertel hoch in die Vertiefungen der Muffinform oder in die Pergamentförmchen füllen und die Muffins im Backofen auf der mittleren Schiene 20 bis 25 Minuten goldbraun backen. Aus dem Ofen nehmen und etwa 5 Minuten ruhen lassen. Die Muffins aus der Form lösen und abkühlen lassen bzw. in den Pergamentförmchen servieren.

Tipp

Cranberrys sind rote, runde bis ovale Beeren. Die Verwandten der Preiselbeeren schmecken säuerlich herb und erfrischend. Außer für Süßspeisen werden sie v. a. für Konfitüren oder Chutneys verwendet.

Beerenmuffins
mit Erdbeersauce

Zutaten

Für die Muffins:

200 g Erdbeeren

100 g Frischkäse · 150 g Sahne

120 g Zucker · 250 g Mehl

2 1/2 TL Backpulver · 1/2 TL Natron

80 ml Öl

120 g Buttermilch · 1 Ei

Fett für die Form

Für die Sauce:

200 g Erdbeeren

1 EL Zitronensaft

2 EL Zucker · 2 TL Speisestärke

200 g Sahne

Zubereitung
FÜR CA. 12 STÜCK

1 Für die Muffins die Erdbeeren waschen, putzen und klein schneiden. 50 g für die Füllung beiseitelegen. Den Frischkäse mit 1 EL Sahne und 2 EL Zucker verrühren. Den Backofen auf 180 °C vorheizen.

2 Restliche Erdbeeren mit Mehl, Backpulver und Natron vermischen. Öl, Buttermilch, restliche Sahne und übrigen Zucker mit dem Ei verquirlen. Die Mehlmischung unter die Eimasse rühren. Die Hälfte des Teigs in die gefetteten Vertiefungen einer Muffinform oder in Papier-förmchen füllen. Die Erdbeeren und den Frischkäse daraufgeben, den restlichen Teig darüber verteilen. Im Backofen auf der mittleren Schiene 20 bis 25 Minuten goldbraun backen. Muffins herausnehmen und abkühlen lassen.

3 Für die Sauce die Erdbeeren waschen, putzen, klein schneiden und mit Zitronensaft, 1 EL Wasser und dem Zucker aufkochen und zerfallen lassen. Durch ein Sieb in einen Topf streichen, mit angerührter Speisestärke binden und abkühlen lassen. Die Sahne steif schlagen. Die Erdbeersauce auf die Muffins verteilen und jeweils etwas Sahne daraufgeben.

Vanilleküchlein
mit Himbeeren

Zutaten

Fett und Mehl für die Form

300 g Himbeeren

$1/8$ l Milch

2 Päckchen Vanillezucker

250 g Mehl

2 TL Backpulver

120 g Zucker · 1 Ei

50 g weiche Butter

Zubereitung

FÜR CA. 12 STÜCK

1 Den Backofen auf 175 °C vorheizen. Die Vertiefungen einer Minikönigskuchen- oder einer Muffinform einfetten und mit Mehl bestäuben oder Papierförmchen hineinsetzen.

2 Die Himbeeren verlesen. Von der Milch 5 EL abnehmen und mit dem Vanillezucker aufkochen. Die Beeren – bis auf einige zum Garnieren – hinzufügen und bei schwacher Hitze etwa 5 Minuten erwärmen. Vom Herd nehmen und etwas abkühlen lassen.

3 Das Mehl mit dem Backpulver in einer Schüssel vermischen. Den Zucker, das Ei, die Butter und die restliche Milch unterrühren. Die Himbeeren mit der Milch nur kurz untermischen. Den Teig maximal drei Viertel hoch in die Vertiefungen der Form füllen. Die Küchlein im Backofen auf der mittleren Schiene etwa 25 Minuten backen.

4 Aus dem Ofen nehmen und etwa 5 Minuten in der Form ruhen lassen. Die Küchlein aus der Form lösen und auf einem Kuchengitter abkühlen lassen. Die Vanilleküchlein mit den beiseitegelegten Himbeeren garnieren.

Himbeermuffins
mit saurer Sahne

Der Sommer lässt grüßen: Wenn zarte Himbeeren in einem luftigen Teig versinken, greifen nicht nur Beerenfans gern zu

Zutaten

Fett und Mehl für die Form

200 g Himbeeren

(frisch oder tiefgekühlt)

125 g weiche Butter

120 g Zucker

1 Ei · 300 g saure Sahne

250 g Mehl

2 1/2 TL Backpulver

1/2 TL Natron · Salz

Puderzucker zum Bestäuben

Zubereitung
FÜR CA. 12 STÜCK

1 Den Backofen auf 180 °C vorheizen. Die Vertiefungen einer Muffinform einfetten und mit Mehl bestäuben oder Papierförmchen hineinsetzen. Frische Himbeeren verlesen, kurz abbrausen und trocken tupfen, tiefgekühlte Beeren nur leicht antauen lassen.

2 Die Butter mit dem Zucker in einer Schüssel schaumig schlagen. Das Ei und die saure Sahne unterrühren. Das Mehl mit dem Backpulver, dem Natron und 1 Prise Salz in einer zweiten Schüssel vermischen. Die Mehlmischung zur Buttermasse geben und mit dem Schneebesen oder einem Kochlöffel nur so lange verrühren, bis alle Zutaten feucht sind.

3 Den Teig maximal drei Viertel hoch in die Vertiefungen der Muffinform füllen. Die Himbeeren auf dem Teig verteilen und leicht hineindrücken. Die Muffins im Backofen auf der mittleren Schiene etwa 25 Minuten goldbraun backen. Aus dem Ofen nehmen und etwa 5 Minuten ruhen lassen. Die Muffins aus der Form lösen, abkühlen lassen und leicht mit Puderzucker bestäuben.

Tipp

Sie können die Muffins noch mit Streuseln verzieren. Dafür 100 g Mehl mit 80 g Zucker und 80 g flüssiger Butter mit den Händen zu Streuseln verkneten und diese vor dem Backen über die Muffins streuen.

Mohnmuffins
mit Zitronenguss

*Dieser Mix überzeugt: Erfrischende Zitrone und nussiger Mohn
vereinen sich zu einer feinen Geschmackskomposition*

Zutaten

Fett und Mehl für die Form

1 unbehandelte Zitrone

100 g Butter

100 g Zucker

2 Eier

150 g Mehl

1 EL gemahlener Mohn

2 TL Backpulver

1/2 TL Natron

Salz

4 EL Puderzucker

Zubereitung
FÜR CA. 12 STÜCK

1 Den Backofen auf 180 °C vorheizen. Die Vertiefungen einer Muffinform einfetten und mit Mehl bestäuben oder Papierförmchen hineinsetzen. Die Zitrone heiß waschen und trocken reiben. Mit dem Zestenreißer 2 TL Zesten abziehen und 2 TL Schale fein abreiben. Die Zitrone auspressen, 2 TL Zitronensaft für den Guss beiseitestellen.

2 Die Butter in einem kleinen Topf bei schwacher Hitze zerlassen und etwas abkühlen lassen. Die flüssige Butter mit dem Zucker, den Eiern, der Zitronenschale und dem -saft in einer Schüssel verrühren.

3 Das Mehl mit dem Mohn, dem Backpulver, dem Natron und 1 Prise Salz in einer zweiten Schüssel vermischen. Die Eiermasse zur Mehlmischung geben und mit dem Schneebesen oder einem Kochlöffel nur so lange verrühren, bis alle Zutaten feucht sind.

4 Den Teig maximal drei Viertel hoch in die Vertiefungen der Muffinform füllen und die Muffins im Backofen auf der mittleren Schiene 20 bis 25 Minuten goldbraun backen. Aus dem Ofen nehmen und etwa 5 Minuten ruhen lassen. Die Muffins aus der Form lösen und abkühlen lassen.

5 Den Puderzucker mit dem beiseitegestellten Zitronensaft zu einem dicklichen Guss verrühren und die Muffins damit überziehen. Mit Zitronenzesten und nach Belieben einigen Mohnsamen bestreuen.

Marmor-Muffins
mit gehackten Mandeln

Zutaten

Fett und Mehl für die Form

1 Ei · 140 g Zucker

125 g weiche Butter

275 g Buttermilch

275 g Mehl

2 ½ TL Backpulver

½ TL Natron · Salz

60 g gehackte Mandeln

(oder Haselnüsse)

2 EL Kakaopulver

3–4 EL Milch

1 TL abgeriebene unbehandelte

Zitronenschale

3–4 EL gehackte Mandeln

zum Bestreuen

Zubereitung
FÜR CA. 12 STÜCK

1 Backofen auf 180 °C vorheizen. Die Vertiefungen einer Muffinform einfetten und mit Mehl bestäuben oder Papierförmchen hineinsetzen.

2 Das Ei in einer Schüssel verquirlen. Zucker, Butter und Buttermilch unterrühren. Das Mehl mit dem Backpulver, dem Natron, 1 Prise Salz und den Mandeln in einer zweiten Schüssel vermischen. Mehlmischung zur Eimasse geben und verrühren. Den Teig halbieren. Eine Hälfte mit dem Kakao und der Milch verrühren. Unter die andere Hälfte die Zitronenschale mischen.

3 In jede Vertiefung der Muffinform 1 EL hellen Teig und darauf 1 EL dunklen Teig geben. So fortfahren, bis alles aufgebraucht ist. Mit einer Gabel kurz beide Teige verrühren, um den Marmoreffekt zu erzielen. Mit Mandeln bestreuen.

4 Die Muffins im Backofen auf der mittleren Schiene 20 bis 25 Minuten backen. Herausnehmen, etwa 5 Minuten ruhen lassen, aus der Form lösen und abkühlen lassen.

Torten-Muffins
mit Orangenquark

Zutaten

3 Blatt weiße Gelatine

250 g Sahnequark · 150 g Zucker

2 TL abgeriebene unbehandelte
Orangenschale

2 EL Weißwein

125 g Sahne

Fett und Mehl für die Form

je 100 g Mehl und Speisestärke

60 g gemahlene Mandeln

2 TL Backpulver · 1 Ei

120 g weiche Butter

120 g saure Sahne

150 g Buttermilch

60 g geröstete Mandelblättchen

Zubereitung
FÜR CA. 12 STÜCK

1 Die Gelatine in kaltem Wasser einweichen.
Den Quark mit 50 g Zucker und der Orangenschale verrühren. Den Wein erwärmen, die
Gelatine gut ausdrücken, darin auflösen und
unter den Quark mischen. Die Sahne steif
schlagen und unterheben. Den Orangenquark
2 Stunden kühl stellen.

2 Den Backofen auf 180 °C vorheizen. Die
Vertiefungen einer Muffinform einfetten
und mit Mehl bestäuben oder Papierförmchen hineinsetzen.

3 Das Mehl mit der Speisestärke, den Mandeln
und dem Backpulver in einer Schüssel vermischen. Das Ei in einer zweiten Schüssel verquirlen. 100 g Zucker, die Butter, die saure
Sahne und die Buttermilch gut unterrühren.
Mehlmischung dazugeben und nur so lange
unterrühren, bis alle Zutaten feucht sind.

4 Den Teig in die Vertiefungen der Muffinform
füllen und im Backofen 20 Minuten backen.
Kurz ruhen lassen, aus der Form lösen und
abkühlen lassen. Muffins quer halbieren, mit
Quark bestreichen und wieder zusammensetzen.
Mit restlichem Quark und Mandeln verzieren.

Petit Fours
mit Mohn und Zitrone

*Zum Essen fast zu schade: Mit ihrer außergewöhnlichen Glasur
wirken die französischen Küchlein wie kleine kulinarische Kunstwerke*

Zutaten

Fett und Mehl für die Form

100 g weiche Butter

70 g Zucker · 3 Eier

1 Päckchen Vanillezucker

150 g Mehl · 1 TL Backpulver

½ TL Natron · Salz

75 ml Milch

2 EL gemahlener Mohn

1 TL abgeriebene unbehandelte
Zitronenschale

250 g Puderzucker

4–5 EL Zitronensaft

Lebensmittelfarbe nach Wahl

Zubereitung
FÜR CA. 12 BZW. 24 STÜCK

1 Den Backofen auf 180 °C vorheizen. Die Vertiefungen einer
Muffin- bzw. Minimuffinform einfetten und mit Mehl bestäuben oder Papierförmchen hineinsetzen.

2 Die Butter mit dem Zucker in einer Schüssel schaumig schla-
gen, die Eier und den Vanillezucker unterrühren. Das Mehl mit
dem Backpulver, dem Natron und 1 Prise Salz in einer zweiten
Schüssel vermischen. Die Mehlmischung abwechselnd mit der
Milch unter die Eiermasse mischen. Zuletzt den Mohn und die
Zitronenschale unterheben.

3 Den Teig maximal drei Viertel hoch in die Vertiefungen der
Muffinform füllen und die Muffins im Backofen auf der mitt-
leren Schiene je nach Größe 15 bis 25 Minuten hell backen.
Aus dem Ofen nehmen und etwa 5 Minuten ruhen lassen.
Die Petit Fours aus der Form lösen und abkühlen lassen.

4 Den Puderzucker mit dem Zitronensaft zu einem dicklichen
Guss verrühren und die Petit Fours damit bestreichen. Jeweils
1 bis 2 Tropfen Lebensmittelfarbe in die Mitte geben und mit
einem kleinen Holzstäbchen dekorativ durch den Guss ziehen.
Die Glasur trocknen lassen.

Tipp

Die Petit Fours eignen sich ideal als edles
Mitbringsel. Überreichen Sie sie z. B. in einer
Geschenkbox. Damit die Glasur unversehrt bleibt,
Pergamentpapier zwischen die Küchlein legen.

Ananasmuffins
mit Mohn und Buttermilch

*Minikuchen im Maxiformat: Im Glas gebacken, wachsen
diese exotischen Muffins in der Hitze des Ofens über sich hinaus*

Zutaten

Fett und Zucker für die Gläser

(à ca. 150 ml Inhalt)

100 g Butter

1 Dose Ananas (in Scheiben;

ca. 490 g Abtropfgewicht)

100 g Zucker

3 Eier · Salz

250 g Buttermilch

300 g Mehl

2 TL Backpulver

1/2 TL Natron

80 g gemahlener Mohn

100 g Puderzucker

1–2 EL Zitronensaft

1 Handvoll kandierte Früchte

(z.B. Ananas oder Papaya)

Zubereitung
FÜR CA. 12 STÜCK

1 Den Backofen auf 180 °C vorheizen. 12 ofenfeste Gläser einfetten und mit Zucker ausstreuen.

2 Die Butter in einem kleinen Topf zerlassen und wieder etwas
abkühlen lassen. Die Ananasscheiben auf einem Sieb abtropfen lassen und in Würfel schneiden.

3 Die Butter mit dem Zucker, den Eiern und 1 Prise Salz in einer
Schüssel verrühren und die Buttermilch untermischen. Das
Mehl mit dem Backpulver, dem Natron und dem Mohn in einer
zweiten Schüssel mischen. Die Buttermilchmasse zur Mehlmischung geben und mit dem Schneebesen oder einem Kochlöffel nur so lange verrühren, bis alle Zutaten feucht sind.
Die Ananaswürfel unterheben.

4 Den Teig maximal drei Viertel hoch in die Gläser füllen und
die Muffins im Backofen auf der mittleren Schiene 20 bis
25 Minuten goldbraun backen. Aus dem Ofen nehmen und
etwa 5 Minuten ruhen lassen. Die Muffins vorsichtig aus den
Gläsern lösen und abkühlen lassen.

5 Den Puderzucker mit dem Zitronensaft zu einem dicklichen
Guss verrühren und die Muffins damit überziehen. Die kandierten Früchte mit einem scharfen Messer in Streifen schneiden und die Muffins damit verzieren.

Lavendelmuffins
mit Schokolade

Zutaten

Fett und Zucker für die Gläser

(à 150 ml Inhalt) oder

für die Muffinform

200 g Vollmilchschokolade

5 EL Butter

1 Ei · 200 ml Milch

150 g saure Sahne

50 g Zucker

250 g Mehl · 2 TL Speisestärke

2 TL Backpulver

1/2 TL Natron · Salz

2 EL getrocknete Lavendelblüten

1 EL Lavendelhonig

Zubereitung
FÜR CA. 12 STÜCK

1 Den Backofen auf 180 °C vorheizen. 12 ofenfeste Gläser oder die Vertiefungen einer Muffinform einfetten und die Böden mit Zucker bestreuen. Die Schokolade fein reiben. Butter bei schwacher Hitze zerlassen und 50 g geriebene Schokolade darin schmelzen lassen.

2 Das Ei mit der Milch, der sauren Sahne und dem Zucker in einer Schüssel verrühren. Das Mehl mit der Speisestärke, dem Backpulver, dem Natron und 1 Prise Salz in einer zweiten Schüssel vermischen.

3 Die Eimasse mit der Mehlmischung nur so lange verrühren, bis alle Zutaten feucht sind. Ein Viertel des Teigs mit den Lavendelblüten und dem Honig verrühren. Die Schokoladenbutter und die restliche geriebene Schokolade unter den übrigen Teig mischen.

4 Zuerst den Schokoladenteig in die Gläser bzw. die Vertiefungen der Muffinform füllen und glatt streichen, dann den Lavendelteig daraufgeben. Die Muffins im Backofen auf der mittleren Schiene etwa 25 Minuten goldbraun backen. Herausnehmen, etwa 5 Minuten ruhen lassen und gegebenenfalls aus der Form lösen.

Zucchinimuffins
mit Haselnüssen

Zutaten

Fett und Mehl für die Form

250 g Zucchini

200 g Mehl

2 ½ TL Backpulver

½ TL Natron · Salz

100 g gemahlene Haselnüsse

1 Ei · 100 g Zucker

1 Päckchen Vanillezucker

150 g saure Sahne

80 ml Öl · 4 EL Orangensaft

je 50 g fein gehacktes

Zitronat und Orangeat

Puderzucker zum Bestäuben

Zubereitung

FÜR CA. 12 STÜCK

1 Den Backofen auf 180 °C vorheizen. Die Vertiefungen einer Muffinform einfetten und mit Mehl bestäuben oder Papierförmchen hineinsetzen. Die Zucchini putzen, waschen und auf der Küchenreibe fein raspeln. In ein Küchentuch geben und das Wasser ausdrücken.

2 Das Mehl mit dem Backpulver, dem Natron und 1 Prise Salz vermischen. Zucchini und Haselnüsse dazugeben. Das Ei mit Zucker, Vanillezucker, saurer Sahne, Öl und Orangensaft verrühren. Zitronat und Orangeat untermischen.

3 Die Eimasse zur Mehlmischung geben und mit dem Schneebesen oder einem Kochlöffel nur so lange verrühren, bis alle Zutaten feucht sind.

4 Den Teig maximal drei Viertel hoch in die Vertiefungen der Muffinform füllen und die Muffins im Backofen auf der mittleren Schiene 20 bis 25 Minuten goldbraun backen.

5 Aus dem Ofen nehmen und 5 Minuten ruhen lassen. Dann aus der Form lösen, abkühlen lassen und dünn mit Puderzucker bestäuben.

Minimuffins
mit Zitronenglasur

Zuckersüße Weihnachtsboten: Mit jedem Biss in diese
edel dekorierten Muffins kommt man den Festtagen ein bisschen näher

Zutaten

Fett und Mehl für die Form

1 Vanilleschote

100 g weiche Butter

75 g Zucker

3 Eier · 150 g Mehl

1 TL abgeriebene unbehandelte
Orangenschale

2 TL Backpulver

Salz · 1/2 TL Natron

1 Eiweiß

einige Zweige Rosmarin

einige Salbeiblüten

2 EL feinster Zucker

200 g Puderzucker

3–4 EL Zitronensaft

Zubereitung
FÜR CA. 24 STÜCK

1 Den Backofen auf 180 °C vorheizen. Die Vertiefungen einer Minimuffinform einfetten und mit Mehl bestäuben oder Papierförmchen hineinsetzen. Die Vanilleschote der Länge nach aufschneiden und das Mark herauskratzen.

2 Die Butter mit dem Zucker in einer Schüssel schaumig schlagen, die Eier und das Vanillemark unterrühren. Das Mehl mit der Orangenschale, dem Backpulver, 1/2 TL Salz und dem Natron in einer zweiten Schüssel vermischen. Mehlmischung zur Eiermasse geben und mit dem Schneebesen oder einem Kochlöffel nur so lange verrühren, bis alle Zutaten feucht sind.

3 Den Teig maximal drei Viertel hoch in die Vertiefungen der Muffinform füllen und die Muffins im Backofen auf der mittleren Schiene 15 bis 20 Minuten goldbraun backen. Aus dem Ofen nehmen und etwa 5 Minuten ruhen lassen. Die Muffins aus der Form lösen und abkühlen lassen.

4 Das Eiweiß verquirlen. Die Rosmarinzweige waschen, trocken schütteln und in kleine Stücke teilen. Den Rosmarin und die Salbeiblüten mit dem Eiweiß bepinseln und mit dem Zucker bestreuen. Auf einem Teller trocknen lassen. Den Puderzucker mit dem Zitronensaft zu einem dicklichen Guss verrühren. Die Minimuffins mit dem Guss überziehen und etwas antrocknen lassen. Mit den kandierten Rosmarinzweigen und Salbeiblüten dekorieren.

Mini-Panettone
mit Mandeln und Rosinen

Hochgenuss im Kleinformat: In Italien gehört der Panettone
zu Weihnachten wie bei uns die Kugeln zum Christbaum

Zutaten

250 g Mehl

½ Würfel Hefe (21 g)

50 g Zucker

50 ml warme Milch

abgeriebene Schale von

je 1 unbehandelten Zitrone

und Orange

100 g weiche Butter

1 Ei · 2 Eigelb

80 g kandierte Früchte (z.B.

Kirschen, Orangeat, Zitronat)

5 cl brauner Rum

80 g Rosinen

80 g Mandelstifte

6 EL Puderzucker

Zubereitung
FÜR CA. 18 STÜCK

1 Das Mehl in eine Schüssel sieben und in die Mitte eine Mulde drücken. Die Hefe zerbröckeln, mit 1 EL Zucker und der Milch verrühren und in die Mulde geben. Mit Frischhaltefolie abgedeckt an einem warmen Ort 15 Minuten gehen lassen.

2 Die Mehlmischung mit Zitronen- und Orangenschale, restlichem Zucker, Butter, Ei und Eigelben zu einem elastischen Teig verkneten. Zugedeckt etwa 1 Stunde gehen lassen.

3 Die kandierten Früchte fein hacken. Den Rum erhitzen, die Rosinen und die kandierten Früchte dazugeben. Vom Herd nehmen und ziehen lassen, bis der Teig gegangen ist.

4 Die Mandeln in einer beschichteten Pfanne ohne Fett goldbraun rösten. Mit 4 EL Puderzucker bestäuben und karamellisieren. Etwa 18 Back- oder Souffléförmchen (à 200 ml Inhalt) mit Pergamentpapier auslegen und den Papierrand etwas hochziehen.

5 Den Backofen auf 175 °C vorheizen. Die kandierten Früchte, die Rosinen und die Mandeln unter den Teig kneten. Den Teig zu Kugeln formen, in die Förmchen setzen und 10 Minuten gehen lassen. Die Mini-Panettone im Backofen auf der mittleren Schiene 45 Minuten goldbraun backen. Die Panettone mit dem Papier aus den Förmchen heben und durch ein feines Sieb mit dem restlichen Puderzucker bestäuben.

Tipp

Wer nicht so viele Förmchen hat, kann die Mini-Panettone auch nacheinander backen. Oder Sie umwickeln die Teigkugeln mit Pergamentpapier und backen die Küchlein auf einem Blech.

Ingwermuffins
mit Orangenlikör

Zutaten

Fett und Mehl für die Form

50 g kandierter Ingwer

175 g Mehl

2 TL Backpulver

1/2 TL Natron · Salz

100 g weiche Butter

100 g Zucker

1 EL abgeriebene unbehandelte
Orangenschale

2 EL Ingwerpulver

1 Ei · 4 EL Orangensaft

3 EL Orangenlikör
(z.B. Grand Marnier)

250 g Puderzucker

Lebensmittelfarbe nach Wahl

Zubereitung
FÜR CA. 24 STÜCK

1 Den Backofen auf 180 °C vorheizen. Die Vertiefungen einer Minimuffinform einfetten und mit Mehl bestäuben oder Papierförmchen hineinsetzen. Kandierten Ingwer fein hacken.

2 Das Mehl mit Ingwer, Backpulver, Natron und 1 Prise Salz in einer Schüssel vermischen. Die Butter mit dem Zucker in einer zweiten Schüssel schaumig schlagen, Orangenschale und 1 EL Ingwerpulver untermischen. Das Ei, 2 EL Orangensaft und 1 EL Likör unterrühren. Die Mehlmischung unter die Buttermasse rühren.

3 Den Teig maximal drei Viertel hoch in die Vertiefungen der Form füllen und die Muffins im Backofen auf der mittleren Schiene 15 bis 20 Minuten goldbraun backen. Herausnehmen und etwa 5 Minuten ruhen lassen. Die Muffins aus der Form lösen und abkühlen lassen.

4 Den Puderzucker mit dem restlichen Saft und Likör, dem übrigen Ingwerpulver und 1 EL Wasser zu einem dicklichen Guss verrühren. Etwas Guss mit Lebensmittelfarbe einfärben. Die Muffins mit dem restlichen Guss überziehen und mit dem gefärbten Guss asiatische Schriftzeichen auf die Muffins malen.

Gewürzmuffins
mit Kürbis und Haselnüssen

Zutaten

2 unbehandelte Orangen

1 Vanilleschote

350 g Kürbisfruchtfleisch

Fett und Mehl für die Form

75 g Zucker

2 EL Honig

2 Eier · 2 EL Buttermilch

170 g Mehl · 2 TL Backpulver

je ½ TL Nelken- und

Ingwerpulver

2 TL Kakaopulver

2–3 EL gehackte Haselnüsse

Puderzucker zum Bestäuben

Zubereitung
FÜR CA. 12 STÜCK

1 Die Orangen heiß waschen und trocken reiben, die Schale fein abreiben und die Orangen auspressen. Die Vanilleschote der Länge nach halbieren. Das Kürbisfruchtfleisch in kleine Würfel schneiden und mit dem Orangensaft und der Vanilleschote in einem Topf bei schwacher Hitze etwa 10 Minuten dünsten.

2 Inzwischen den Backofen auf 180 °C vorheizen. Die Vertiefungen einer Muffinform einfetten und mit Mehl bestäuben oder Papierförmchen hineinsetzen.

3 Die Vanilleschote aus dem Topf entfernen, den Kürbis fein pürieren und in eine Schüssel geben. Zucker, Honig, Eier und Buttermilch unter das Kürbispüree mischen. Mehl, Backpulver, Gewürze, Kakao und Orangenschale vermischen und unter die Kürbismasse rühren, bis ein geschmeidiger Teig entsteht.

4 Den Teig maximal drei Viertel hoch in die Vertiefungen der Muffinform füllen und mit den Nüssen bestreuen. Die Muffins im Backofen auf der mittleren Schiene etwa 20 Minuten backen. Kurz ruhen lassen, aus der Form lösen, abkühlen lassen und mit Puderzucker bestäuben.

Kuchen
& Torten

Brownies
mit Walnüssen

In allen vier Ecken soll Süßes stecken: Bei diesen saftigen
Küchlein geraten Schokoladenliebhaber sofort ins Schwärmen

Zutaten

Fett für die Form

100 g Zartbitterschokolade

125 g weiche Butter

125 g Zucker

Salz · 2 Eier

100 g Mehl

½ TL Backpulver

1 TL Vanillezucker

150 g Walnüsse

Kakaopulver zum Bestäuben

Zubereitung
FÜR CA. 20 STÜCK

1   Den Backofen auf 200 °C vorheizen. Eine quadratische Backform (etwa 20 x 20 cm) einfetten. Die Schokolade hacken und
in einer Metallschüssel im heißen Wasserbad unter Rühren
schmelzen und etwas abkühlen lassen.

2   Die Butter, den Zucker und 1 Prise Salz in einer Schüssel mit
den Quirlen des Handrührgeräts verrühren, bis sich der Zucker
aufgelöst hat. Nacheinander die Eier und die geschmolzene
Schokolade unterrühren.

3   Das Mehl, das Backpulver und den Vanillezucker in einer zweiten Schüssel mischen und auf die Butter-Schokoladen-Masse
sieben. Die Walnüsse grob hacken und mit der Mehlmischung
unterrühren, bis ein glatter Teig entsteht.

4   Den Teig in die Backform füllen, glatt streichen und im Backofen auf der mittleren Schiene etwa 30 Minuten backen. Die
Schokoplatte herausnehmen und etwa 5 Minuten ruhen lassen, dann auf das Kuchengitter stürzen und vollständig abkühlen lassen. Mit Kakaopulver bestäuben und zum Servieren
in etwa 5 x 5 cm große Stücke schneiden.

Tipp

Für Brownies im American-Style verwendet man
braunen Zucker anstelle von weißem Zucker. Ebenfalls »very american«: statt Walnüsse Mini-Marsh-
mallows unter den Teig mischen.

Schokoladenkuchen
mit zweierlei Glasuren

Zutaten

Für den Rührteig:

je 250 g weiche Butter und

Zucker

5 Eier · 500 g Mehl

2 TL Backpulver

6 EL Kakaopulver

Salz · ca. 200 ml Milch

Für die Glasur:

5 EL Puderzucker

1 EL Zitronensaft

125 g dunkle Kuvertüre

Außerdem:

Fett für die Form

Zubereitung
FÜR 1 KASTENFORM

1 Den Backofen auf 160 °C (Umluft) vorheizen. Eine Kastenform (etwa 2 l Inhalt) einfetten. Für den Rührteig die Butter und den Zucker in einer Schüssel schaumig schlagen. Die Eier hinzufügen und so lange weiterschlagen, bis eine cremige Masse entstanden ist.

2 Mehl, Backpulver, Kakao und 1 Prise Salz vermischen, über die Eiermasse sieben und unterheben. Nach und nach die Milch dazugießen und alles zu einem glatten Teig verrühren, falls nötig, noch etwas Milch hinzufügen.

3 Den Teig in die Form füllen, glatt streichen und im Backofen auf der mittleren Schiene etwa 50 Minuten backen. Den Schokokuchen herausnehmen, nach 5 Minuten aus der Form lösen und auf dem Kuchengitter abkühlen lassen.

4 Für die Glasur den Puderzucker und den Zitronensaft in einer kleinen Schüssel zu einem dicklichen Guss verrühren. Die Kuvertüre grob hacken, in einer Metallschüssel im heißen Wasserbad unter Rühren schmelzen und etwas abkühlen lassen. Den Schokoladenkuchen mit der Zitronen- und der Schokoladenglasur in einem beliebigen Muster verzieren.

Schoko-Ecken
mit Minz-Sahne-Füllung

Zutaten

Für den Biskuitteig:

4 Eiweiß · 100 g Zucker

8 Eigelb · Salz

2 TL abgeriebene unbehandelte
Zitronenschale

60 g Mehl · 2 EL Speisestärke

50 g Kakaopulver

Für die Füllung:

4 Blatt weiße Gelatine

¼ l Milch · 200 g Sahne

75 g Zucker · 1 TL Speisestärke

2 Eigelb · 2 EL Pfefferminzsirup

100 g Schokolade mit
Minzefüllung (gehackt)

Zubereitung

FÜR 1 BACKBLECH

1 Den Backofen auf 200 °C vorheizen. Für den Biskuitteig die Eiweiße zu einem steifen Schnee schlagen, dabei die Hälfte des Zuckers einrieseln lassen. Die Eigelbe mit 1 Prise Salz, der Zitronenschale und dem restlichen Zucker cremig rühren. Mehl, Speisestärke und Kakao auf die Eigelbmasse sieben, den Eischnee daraufgeben und alles unterheben.

2 Den Teig auf ein mit Backpapier ausgelegtes Blech streichen und im Backofen auf der mittleren Schiene 8 bis 10 Minuten backen.

3 Herausnehmen, auf ein feuchtes Küchentuch stürzen, das Papier entfernen. Mit einem zweiten feuchten Tuch bedecken, abkühlen lassen.

4 Für die Füllung Gelatine in Wasser einweichen. Milch, Sahne, Zucker, Stärke und Eigelbe verrühren und aufkochen lassen. Vom Herd nehmen und den Sirup unterrühren. Gelatine ausdrücken und in 3 EL heißer Füllung auflösen. Mit der restlichen Masse verrühren. Creme 1 Stunde kühl stellen, bis sie beginnt, fest zu werden. Schokolade unterheben. Biskuitplatte quer halbieren und mit der Minzcreme füllen. 2 Stunden kühl stellen, zum Servieren in Ecken schneiden.

Gewürzkuchen
mit Nougat und Nüssen

Der ideale Begleiter zum Cappuccino: Mit feinem Nougat und knackigen Nüssen lässt dieser Kuchen keine Wünsche offen

Zutaten

Fett für die Form

4 Eier · Salz

125 g weiche Butter

200 g brauner Zucker

200 g gemahlene Haselnüsse

50 g gehackte Haselnüsse

je 1/2 TL Zimt-, Nelken- und

Pimentpulver sowie

gemahlener Anis

4 EL Sahne

125 g Mehl · 2 TL Backpulver

150 g Nougat

Zubereitung

FÜR 1 KASTENFORM

1 Den Backofen auf 180 °C vorheizen. Eine kleine Kastenform einfetten. Die Eier trennen. Die Eiweiße mit 1 Prise Salz zu einem steifen Schnee schlagen und kühl stellen. Die Butter in einer Schüssel mit dem Zucker cremig rühren. Nach und nach die Eigelbe hinzufügen und alles schaumig schlagen. Gemahlene und gehackte Haselnüsse, Gewürze und die Sahne dazugeben und unterrühren.

2 Das Mehl mit dem Backpulver vermischen und nach und nach unter die Eiercreme rühren. Den Nougat in kleine Würfel schneiden und unterrühren.

3 Ein Drittel des Eischnees unter den Teig rühren, dann den Rest unterheben. Den Teig in die Form füllen, glatt streichen und den Gewürzkuchen im Backofen auf der mittleren Schiene etwa 1 Stunde backen.

4 Den Kuchen kurz in der Form ruhen lassen, auf das Kuchengitter stürzen und abkühlen lassen. Nach Belieben mit weißer oder dunkler Schokoladenglasur überziehen.

Tipp

So testen Sie, ob der Kuchen fertig ist: Wenn Sie mit einem Holzstäbchen hineinstechen und Teigreste daran kleben bleiben, müssen Sie den Kuchen noch einige Minuten weiterbacken.

Cheesecake
mit Frischkäse

Heiß geliebt und kalt gegessen: Nicht nur in New York
wird der berühmte Käsekuchen in jedem Coffeeshop angeboten

Zutaten

Für den Mürbeteig:

250 g Mehl

60 g Zucker

1 Päckchen Vanillezucker

130 g kalte Butter · 1 Eigelb

Für die Füllung:

500 g Doppelrahm-Frischkäse

125 g Zucker

1 Päckchen Vanillezucker

1 EL abgeriebene
unbehandelte Zitronenschale

4 Eier · 300 g saure Sahne

3 EL Mehl · 4 EL Sahne

Außerdem:

Fett für die Form

getrocknete Hülsenfrüchte

zum Blindbacken

Zubereitung
FÜR 1 SPRINGFORM

1 Für den Mürbeteig das Mehl in eine Schüssel sieben, mit Zucker und Vanillezucker mischen. Die Butter in kleine Stücke schneiden und mit dem Eigelb dazugeben. Alles mit den Knethaken des Handrührgeräts zu einer krümeligen Masse verrühren, dann mit kühlen Händen zu einem glatten Teig verkneten. Zu einer Kugel formen, in Frischhaltefolie wickeln und etwa 30 Minuten kühl stellen.

2 Den Backofen auf 200 °C vorheizen. Eine Springform (26 cm Durchmesser) einfetten. Für die Füllung den Frischkäse mit Zucker, Vanillezucker und Zitronenschale verrühren. Die Eier trennen. Eigelbe und saure Sahne nacheinander unter die Frischkäsecreme rühren. Mehl und Sahne unterrühren. Die Eiweiße zu einem steifen Schnee schlagen. Ein Drittel des Eischnees unter die Creme rühren, dann den Rest unterheben.

3 Die Form mit dem Teig auskleiden, dabei einen etwa 3 cm hohen Rand formen. Aus Backpapier einen Kreis in der Größe der Form ausschneiden, auf den Teig legen und mit Hülsenfrüchten bedecken. Den Teigboden im Backofen auf der mittleren Schiene 10 Minuten blindbacken. Papier und Hülsenfrüchte wieder entfernen.

4 Die Backofentemperatur auf 225 °C erhöhen. Die Füllung auf dem Teig verteilen, glatt streichen und 15 Minuten backen. Die Backofentemperatur auf 120 °C herunterschalten und den Käsekuchen etwa 50 Minuten weiterbacken. Falls nötig, mit Backpapier oder Alufolie abdecken. Den Kuchen herausnehmen und abkühlen lassen. Vor dem Servieren mindestens 1 Stunde kühl stellen.

Aprikosenschnitten
mit Quark und Mandelstiften

Zutaten

Für den Mürbeteig:

800 g Mehl

1 Päckchen Backpulver

Salz · 250 g Zucker

1 Päckchen Vanillezucker · 2 Eier

400 g Butter (in Stücken)

Für den Belag:

1½ kg Schichtkäse · 300 g Zucker

4 Eier · 250 g Sahne

1 Päckchen Vanillepuddingpulver

100 g Mandelstifte

1 kg Aprikosen

Außerdem:

Fett für das Blech

Puderzucker zum Bestäuben

Zubereitung

FÜR 1 BACKBLECH

1 Für den Mürbeteig das Mehl mit Backpulver, 1 Prise Salz, Zucker und Vanillezucker auf der Arbeitsfläche mischen. Die Eier und die Butter hinzufügen, alles zu einem glatten Teig verkneten und zu einer Kugel formen. In Frischhaltefolie wickeln und etwa 30 Minuten kühl stellen.

2 Für den Belag den Schichtkäse in einer Schüssel mit dem Zucker glatt rühren. Nach und nach Eier, Sahne, Puddingpulver und Mandelstifte unterrühren. Die Aprikosen waschen, halbieren, entsteinen und in dünne Spalten schneiden.

3 Den Backofen auf 200 °C vorheizen. Ein Backblech einfetten. Zwei Drittel vom Mürbeteig ausrollen und das Blech damit auskleiden. Den Teig mit einer Gabel mehrmals einstechen. Die Quarkmasse darauf verteilen, glatt streichen und gleichmäßig mit den Aprikosen belegen. Den restlichen Teig zwischen den Fingern zerkrümeln und über die Aprikosen streuen.

4 Den Blechkuchen im Backofen auf der untersten Schiene etwa 45 Minuten goldbraun backen. Herausnehmen, noch lauwarm in Stücke schneiden und abkühlen lassen. Durch ein feines Sieb leicht mit Puderzucker bestäuben.

Quarkkuchen
mit Kirschen und Streuseln

Zutaten

Für den Mürbeteig:

300 g Mehl · 80 g Zucker · 1 Ei

150 g Butter · Fett für das Blech

Für die Streusel:

je 50 g Butter und Zucker

100 g Mehl

Für den Belag:

4 Eier · 750 g Speisequark

180 g Zucker · abgeriebene Schale

von 1 unbehandelten Zitrone

4 EL Zitronensaft · 80 g Butter

1 Päckchen Vanillepuddingpulver

75 g Weichweizengrieß

450 g Kirschen (gewaschen und

entsteint)

Zubereitung

FÜR 1 BACKBLECH

1 Für den Mürbeteig alle Zutaten mit kühlen Händen rasch zu einem Teig verkneten, in Frischhaltefolie wickeln und 30 Minuten kühl stellen.

2 Für die Streusel alle Zutaten mit den Händen verkrümeln und zugedeckt kühl stellen.

3 Den Backofen auf 175 °C vorheizen. Ein Backblech einfetten. Den Teig auf dem Blech ausrollen, mit einer Gabel mehrmals einstechen. Im Backofen auf der mittleren Schiene 15 Minuten vorbacken. Herausnehmen und die Backofentemperatur auf 200 °C erhöhen.

4 Für den Belag die Eier trennen. Die Eigelbe mit Quark, Zucker, Zitronenschale und -saft verrühren. Die Butter zerlassen und unterrühren. Das Puddingpulver mit dem Grieß mischen und unter die Quarkmasse rühren. Die Eiweiße zu einem steifen Schnee schlagen und abwechselnd mit den Kirschen vorsichtig unter die Quarkmasse heben.

5 Die Kirsch-Quark-Masse auf dem Mürbeteigboden verteilen, glatt streichen und mit den Streuseln bestreuen. Im Backofen auf der mittleren Schiene 30 bis 35 Minuten backen. Abkühlen lassen und in Stücke schneiden.

Käsekuchen-Ecken
mit Rosinen und Schokolade

*Einer für alle Fälle: Mit einem klassischen Käsekuchen
landet man bei Süßmäulern jeden Alters einen Volltreffer*

Zutaten

Für den Mürbeteig:

250 g Mehl · 80 g Zucker

50 g gemahlene Mandeln

1 Ei · 150 g Butter

Für den Belag:

100 g weiße Kuvertüre

5 Eier · 800 g Speisequark

150 ml Milch

60 g flüssige Butter

1 EL Zitronensaft

150 g Zucker

1 Päckchen Vanillezucker

60 g Mehl · 3 TL Speisestärke

1 TL Backpulver

150 g Rosinen

Außerdem:

Mehl für die Arbeitsfläche

200 g dunkle Kuvertüre

Zubereitung

FÜR 1 BACKBLECH

1 Für den Mürbeteig das Mehl mit dem Zucker und den Mandeln mischen und auf die Arbeitsfläche häufen. In die Mitte eine Mulde drücken. Das Ei in die Mulde geben. Die Butter um das Ei herum verteilen und alle Zutaten mit kühlen Händen rasch zu einem glatten Teig verkneten. Zu einer Kugel formen, in Frischhaltefolie wickeln und 1 Stunde kühl stellen.

2 Den Backofen auf 180 °C vorheizen. Den Teig auf der bemehlten Arbeitsfläche auf die Größe eines Backblechs ausrollen und vorsichtig auf ein mit Backpapier ausgelegtes Backblech legen. Für den Belag die weiße Kuvertüre hacken und in einer Metallschüssel im heißen Wasserbad unter Rühren schmelzen lassen. Die flüssige Kuvertüre auf den Teig streichen.

3 Die Eier trennen. Quark, Eigelbe, Milch, flüssige Butter und Zitronensaft verrühren. Den Zucker und den Vanillezucker unter die Quarkmasse rühren. Das Mehl, die Speisestärke und das Backpulver untermischen, die Rosinen unterrühren. Die Eiweiße zu einem steifen Schnee schlagen. Ein Drittel des Eischnees unter die Quarkmasse rühren, dann den Rest vorsichtig mit dem Teigschaber unterheben.

4 Die Quarkmasse auf dem Teigboden verteilen und glatt streichen. Den Kuchen im Backofen auf der mittleren Schiene etwa 35 Minuten backen. Herausnehmen und abkühlen lassen. Die dunkle Kuvertüre grob hacken und im heißen Wasserbad schmelzen lassen. Den Käsekuchen damit überziehen und zum Servieren in Rechtecke schneiden.

Tipp

So bringen Sie den Mürbeteig am leichtesten auf das Blech: Ein Stück Backpapier etwas größer als das Backblech zurechtschneiden, den Teig in der Größe des Blechs ausrollen, mit dem Papier darauflegen.

Schokotorte
mit Amaretti

Zutaten

Für den Teig:

je 100 g Löffelbiskuits und

Amaretti (ital. Mandelkekse)

75 g flüssige Butter

Für die Füllung:

450 g Zartbitterschokolade

600 g Sahne · 5 cl Amaretto

(ital. Mandellikör)

Außerdem:

Fett für die Form

Kakaopulver zum Bestäuben

100 g Sahne

1 Päckchen Vanillezucker

6 Amaretti (ital. Mandelkekse)

Zubereitung
FÜR 1 SPRINGFORM

1 Für den Teig Löffelbiskuits und Amaretti in einen Gefrierbeutel geben und mit dem Nudelholz fein zerbröseln. Mit der flüssigen Butter gründlich vermischen. Den Boden einer Springform (24 cm Durchmesser) einfetten, den Bröselteig darauf verteilen und festdrücken.

2 Für die Füllung die Schokolade hacken und in einer Metallschüssel im heißen Wasserbad unter Rühren schmelzen lassen. Die Sahne steif schlagen, den Amaretto unterrühren und die Schokolade unterheben.

3 Die Schoko-Sahne-Masse auf dem Keksboden verteilen und glatt streichen. Mindestens 4 Stunden, am besten über Nacht kühl stellen.

4 Die Torte zum Servieren dick mit Kakaopulver bestäuben. Die Sahne mit dem Vanillezucker steif schlagen, auf jedes Tortenstück 1 Sahneklecks setzen und jeweils 1 halbierten Mandelkeks daraufstecken.

Schokokuchen
mit Orangenzesten

Zutaten

50 g Naturjoghurt

½ EL Instant-Kaffeepulver

Salz · 1 Päckchen Vanillezucker

1 unbehandelte Orange

50 g weiche Butter

150 g Zucker

1 Ei · 1 Eiweiß

125 g Mehl · 4 EL Kakaopulver

1 Päckchen Backpulver

Fett für die Form

60 g Puderzucker

2 cl Kahlúa (mex. Kaffeelikör)

Zubereitung
FÜR 1 KRANZFORM

1 Den Backofen auf 180 °C vorheizen. Den Joghurt, das Kaffeepulver, 1 EL lauwarmes Wasser, 1 Prise Salz und den Vanillezucker in einer Schüssel verrühren.

2 Die Orange heiß waschen, trocken reiben und ½ EL Schale fein abreiben. Die restliche Orangenschale dünn schälen und in feine Streifen schneiden. Die Butter mit Zucker und abgeriebener Orangenschale schaumig schlagen, das Ei und das Eiweiß unterrühren.

3 Das Mehl mit dem Kakao- und dem Backpulver vermischen, auf die Eimasse sieben und ebenfalls unterrühren, dann die Joghurtmasse unterheben.

4 Eine Kranzform (16 cm Durchmesser) einfetten, den Teig einfüllen und glatt streichen. Im Backofen auf der mittleren Schiene etwa 40 Minuten backen. Den Kuchen herausnehmen, etwas abkühlen lassen, auf das Kuchengitter stürzen und abkühlen lassen. Den Puderzucker mit dem Kaffeelikör verrühren und den Kuchen damit überziehen. Die Orangenstreifen auf dem Schokokuchen verteilen.

Himbeer-Kokos-Ecken
mit weißer Schokolade

So schmeckt der Sommer: Kokosraspel satt sorgen bei diesem erfrischenden Himbeerkuchen für Biss und einen Hauch Exotik

Zutaten

Für den Mürbeteig:

300 g Dinkelmehl (Type 630)

100 g Zucker · 1 gestr. TL Salz

100 g Kokosraspel · 2 Eier

200 g kalte Butter

(in Stücken)

Für den Belag:

500 g Himbeeren

(frisch oder tiefgekühlt)

100 g weiße Schokolade

200 g Kokosraspel

100 g Kokosspäne

(z.B. aus dem Bioladen)

Außerdem:

Fett für das Blech

Zubereitung

FÜR 1 BACKBLECH

1 Für den Mürbeteig das Mehl mit dem Zucker, dem Salz und den Kokosraspeln mischen, auf die Arbeitsfläche häufen und in die Mitte eine Mulde drücken. Die Eier in die Mulde geben und die Butterstücke um die Eier herum verteilen.

2 Alle Zutaten mit einem Messer gut durchhacken, sodass kleine Teigbrösel entstehen. Die Brösel mit kühlen Händen rasch zu einem Teig verkneten und zu einer Kugel formen. In Frischhaltefolie wickeln und etwa 30 Minuten kühl stellen.

3 Für den Belag die Himbeeren verlesen, kurz abbrausen und trocken tupfen, tiefgekühlte Beeren etwas antauen lassen. Den Backofen auf 200 °C vorheizen. Ein Backblech einfetten. Den Mürbeteig zwischen zwei Lagen Frischhaltefolie ausrollen und das Blech damit auskleiden, dabei einen Rand formen.

4 Die Schokolade fein raspeln und den Teig damit bestreuen. Die Himbeeren darauf verteilen. Dann die Kokosraspel und die Kokosspäne auf den Himbeeren verteilen. Den Kokoskuchen im Backofen auf der mittleren Schiene 30 Minuten goldbraun backen. Herausnehmen, etwas abkühlen lassen und noch warm in Rechtecke schneiden.

Tipp

Am besten schmeckt der Kuchen mit frischen Himbeeren. Die aromatischen heimischen Früchte haben von Juni bis September Saison. Da sie sehr druckempfindlich sind, sollten Sie sie rasch verarbeiten.

Schokoladenkuchen
mit Kakao und Banane

Zutaten

Fett und Mehl für die Form

90 g Butter

6 Eier

210 g Zucker

150 g Mehl

1 EL Kakaopulver

100 g Zartbitterschokolade
(geraspelt)

1 große Banane · Salz

Zubereitung
FÜR 1 KASTENFORM

1 Den Backofen auf 180 °C vorheizen. Eine Kastenform einfetten und mit Mehl bestäuben. Die Butter in einem kleinen Topf zerlassen und etwas abkühlen lassen.

2 Die Eier trennen. Die Eigelbe mit 175 g Zucker in einer Schüssel im heißen Wasserbad cremig rühren. Das Mehl, den Kakao und die Schokolade in einer Schüssel vermischen und unter die Eiercreme rühren. Die flüssige Butter hinzufügen und unterrühren.

3 Die Banane schälen, längs halbieren und klein schneiden. Die Bananenstücke unter den Teig rühren. Die Eiweiße mit 1 Prise Salz zu einem steifen Schnee schlagen, dabei restlichen Zucker einrieseln lassen. Ein Drittel des Eischnees unter den Teig rühren, den Rest unterheben.

4 Die Biskuitmasse in die Form füllen und im Backofen auf der mittleren Schiene etwa 35 Minuten backen. Herausnehmen und auf dem Kuchengitter abkühlen lassen. Den Schokokuchen aus der Form lösen und nach Belieben mit geschlagener Sahne servieren.

Schokoladenkuchen
mit Espresso

Zutaten

Fett und Mehl für die Förmchen

125 g weiche Butter

100 g Zucker · Salz · 3 Eier

250 g Dinkelmehl (Type 630)

2 EL Kakaopulver

2 TL Weinsteinbackpulver

2 TL Instant-Espressopulver

ca. 150 ml Milch

Kakaopulver zum Bestäuben

Zubereitung
FÜR 6 STÜCK

1 Den Backofen auf 180 °C vorheizen. 6 kleine Gugelhupf- oder Kuchenformen (à 200 ml Inhalt) einfetten und mit Mehl bestäuben.

2 Die Butter, den Zucker und 1 Prise Salz in einer Schüssel mit den Quirlen des Handrührgeräts cremig rühren. Nach und nach die Eier hinzufügen und weiterrühren, bis eine cremige Masse entstanden ist.

3 Das Mehl, den Kakao, das Backpulver und das Espressopulver in einer Schüssel vermischen. Die Mehlmischung mit der Milch zur Eiercreme geben und zu einem Teig verrühren, falls nötig, noch etwas Milch dazugeben.

4 Den Teig in die Förmchen füllen und im Backofen auf der mittleren Schiene 25 bis 30 Minuten backen. Herausnehmen und abkühlen lassen. Die Kuchen aus den Formen lösen und mit Kakao bestäubt servieren.

Heidelbeerkuchen
mit Vanillecreme

Perfekt fürs Picknick: Der fruchtige Beerenkuchen kann in seiner attraktiven Backform gleich mit auf die Wiese

Zutaten

Für den Rührteig:

150 g weiche Butter

175 g brauner Rohrzucker

1 Päckchen Vanillezucker

2 Eier

60 g zarte Haferflocken

150 g saure Sahne

200 g Mehl

2 ½ TL Backpulver

150 g Heidelbeeren

1 EL Speisestärke

Für die Creme:

½ l Milch

1 Vanilleschote

5 Eigelb

100 g Zucker

3 EL Mehl · Salz

Zucker zum Bestreuen

Außerdem:

Fett und Paniermehl

für die Gläser

Zubereitung

FÜR 2 EINMACHGLÄSER

1 Die Einmachgläser (à 1 l Inhalt) gut einfetten und mit Paniermehl ausstreuen, dabei darauf achten, dass die Ränder sauber bleiben. Die Gummiringe der Einmachgläser in kaltem Wasser einweichen. Den Backofen auf 180 °C vorheizen.

2 Für den Rührteig die Butter, den Rohr- und den Vanillezucker in einer Schüssel mit den Quirlen des Handrührgeräts verrühren, bis sich der Zucker aufgelöst hat. Die Eier nacheinander unterrühren. Die Haferflocken und die saure Sahne ebenfalls unterrühren. Das Mehl mit dem Backpulver vermischen, portionsweise auf die Buttermasse sieben und unterrühren.

3 Die Heidelbeeren verlesen, waschen und trocken tupfen. Die Beeren mit der Speisestärke mischen und vorsichtig unter den Teig heben, dabei nicht mehr rühren. Den Teig etwa drei Viertel hoch in die Gläser füllen, dabei darauf achten, dass die Ränder sauber bleiben. Die Kuchen im Backofen auf der mittleren Schiene 50 bis 55 Minuten backen.

4 Die Kuchen aus dem Ofen nehmen und im Glas abkühlen lassen, stürzen und mit der Vanillecreme (s. unten) servieren. Oder den Kuchen nur kurz ausdampfen lassen, Gummiringe und Deckel auflegen und die Gläser gut verschließen. An einem kühlen Ort aufbewahrt, halten sich die Kuchen 2 bis 3 Wochen.

5 Für die Creme die Milch in einem Topf erhitzen. Die Vanilleschote der Länge nach aufschneiden und das Mark herauskratzen. Beides zur Milch geben und unter Rühren aufkochen.

6 Die Eigelbe mit dem Zucker in einer Schüssel cremig schlagen, dabei das Mehl und 1 Prise Salz unterrühren. Die kochende Milch nach und nach in die Eigelbcreme rühren, alles zurück in den Topf gießen und die Vanilleschote entfernen. Die Vanillemasse bei schwacher Hitze unter ständigem Rühren einmal aufkochen lassen. Durch ein Sieb in eine Schüssel streichen, abkühlen lassen, die Oberfläche dünn mit Zucker bestreuen.

Walnusskuchen
mit Schokolade

Everybody's darling: Dieser Liebesgruß aus Schokolade
ist nicht nur am Valentinstag für eine Überraschung gut

Zutaten

Für den Rührteig:

125 g Vollmilchkuvertüre

7 Eier

200 g weiche Butter

200 g Zucker

80 g Paniermehl

200 g geriebene Walnüsse

1 TL Backpulver

Für die Glasur:

400 g dunkle Kuvertüre

4 Walnusshälften

60 g gehackte Walnüsse

Außerdem:

Fett und Paniermehl

für die Gläser

Kakaopulver zum Bestäuben

Zubereitung
FÜR 4 EINMACHGLÄSER

1 Die Einmachgläser (à ½ l Inhalt) gut einfetten und mit Paniermehl ausstreuen, dabei darauf achten, dass die Ränder sauber bleiben. Die Gummiringe der Einmachgläser in kaltem Wasser einweichen. Den Backofen auf 140 °C vorheizen.

2 Für den Rührteig die Kuvertüre hacken und in einer Metallschüssel im heißen Wasserbad unter Rühren schmelzen lassen. Die Eier trennen, die Eiweiße zu einem steifen Schnee schlagen. Die Butter und den Zucker in einer Schüssel mit den Quirlen des Handrührgeräts verrühren, bis sich der Zucker aufgelöst hat. Nach und nach die Eigelbe hinzufügen und alles zu einer schaumigen Masse weiterrühren.

3 Die Kuvertüre, das Paniermehl, die Walnüsse und das Backpulver unterrühren. Ein Drittel des Eischnees unter die Schoko-Nuss-Masse rühren, dann den Rest vorsichtig unterheben. Den Teig etwa drei Viertel hoch in die Gläser füllen, dabei darauf achten, dass der Rand sauber bleibt. Die Kuchen auf dem Ofengitter im Backofen auf der mittleren Schiene etwa 50 Minuten backen.

4 Die Kuchen aus dem Ofen nehmen und entweder im Glas abkühlen lassen, vom Rand lösen und vorsichtig stürzen. Oder den Kuchen kurz ausdampfen lassen, Gummiringe und Deckel auf die Gläser legen und die Gläser gut verschließen. An einem kühlen Ort aufbewahrt, halten sich die Kuchen 2 bis 3 Wochen.

5 Für die Glasur die Kuvertüre grob hacken und in einer Metallschüssel im heißen Wasserbad unter Rühren schmelzen lassen. Die gestürzten Kuchen mit der geschmolzenen Kuvertüre überziehen und mit je 1 Walnusshälfte belegen. Den unteren Kuchenrand mit den gehackten Walnüssen verzieren und die Schokoladenglasur trocknen lassen. Die Walnusskuchen durch ein feines Sieb mit Kakaopulver bestäuben und nach Belieben als Geburtstagskuchen mit kleinen Kerzen bestücken.

Schokoladenkuchen
mit gemahlenen Mandeln

Zutaten

Fett und gemahlene Mandeln
für die Form

200 g Zartbitterschokolade

200 g weiche Butter

150 g Puderzucker

8 Eier · 100 g Zucker

150 g Mehl

50 g gemahlene Mandeln

Puderzucker zum Bestäuben

Zubereitung
FÜR 1 SPRINGFORM

1 Eine Springform (24 cm Durchmesser) einfetten und mit den Mandeln ausstreuen, bis zum Gebrauch kühl stellen. Die Schokolade grob hacken, in einer Metallschüssel im heißen Wasserbad unter Rühren schmelzen und etwas abkühlen lassen.

2 Den Backofen auf 180 °C vorheizen. Die Butter mit dem Puderzucker in einer Schüssel schaumig schlagen. Die Eier trennen. Nach und nach die Eigelbe und die geschmolzene Schokolade unter die Buttercreme rühren.

3 Die Eiweiße zu einem steifen Schnee schlagen, dabei den Zucker einrieseln lassen. Ein Drittel des Eischnees unter die Schokomasse rühren, dann den Rest unterheben. Das Mehl mit den Mandeln mischen und ebenfalls unterheben.

4 Den Teig in die Form füllen, glatt streichen und im Backofen auf der mittleren Schiene etwa 1 Stunde backen. Den Schokoladenkuchen herausnehmen und 15 Minuten in der Form ruhen lassen. Vorsichtig aus der Form lösen und den Kuchen mit Puderzucker bestäubt servieren.

Schokoladenkuchen
mit Pistazien

Zutaten

Fett für die Form

200 g weiche Butter

200 g Zucker · 4 Eier

200 g Mehl

4 EL Kakaopulver

1 TL Backpulver

je 50 g dunkle Kuvertüre

und Pistazien

Puderzucker zum Bestäuben

Zubereitung
FÜR 1 KASTENFORM

1 Den Backofen auf 180 °C vorheizen. Eine Kastenform (etwa 1 ½ l Inhalt) einfetten. Die Butter und den Zucker in einer Schüssel mit den Quirlen des Handrührgeräts cremig rühren. Nach und nach die Eier unterrühren.

2 Das Mehl, den Kakao und das Backpulver vermischen und unterrühren. Die Mischung etwa 4 Minuten cremig rühren.

3 Die Kuvertüre und die Pistazien grob hacken und unter den Teig heben. Den Teig in die Form füllen und glatt streichen. Den Schokoladenkuchen im Backofen auf der mittleren Schiene 35 bis 40 Minuten backen.

4 Den Schokoladenkuchen herausnehmen und 15 Minuten ruhen lassen. Dann vorsichtig aus der Form lösen und auf dem Kuchengitter vollständig auskühlen lassen. Vor dem Servieren leicht mit Puderzucker bestäuben.

Mohngugelhupf
mit Limettenglasur

Ein süßes Dream-Team: Würziger Mohn und ein limettenfrischer Teig haben in diesem Gugelhupf perfekt zueinandergefunden

Zutaten

Für den Rührteig:

250 g weiche Butter

150 g Zucker

4 Eier

400 g Mehl

1 Päckchen Backpulver

100 g Sahne

2 unbehandelte Limetten

250 g gemahlener Mohn

2 EL Orangenlikör

(z.B. Grand Marnier)

Für die Glasur:

2 unbehandelte Limetten

150 g Puderzucker

Außerdem:

Fett für die Form

Zubereitung

FÜR 1 GUGELHUPFFORM

1 Den Backofen auf 175 °C vorheizen. Eine Gugelhupfform (2 l Inhalt) einfetten. Für den Rührteig die Butter und den Zucker in einer Schüssel mit den Quirlen des Handrührgeräts rühren, bis sich der Zucker aufgelöst hat. Nach und nach die Eier unterrühren. Das Mehl mit dem Backpulver mischen, auf die Buttermasse sieben und mit der Sahne unterheben. Den Teig halbieren.

2 Die Limetten heiß waschen, trocken reiben und die Schale fein abreiben, die Limetten auspressen. Unter eine Teighälfte die Limettenschale und den -saft rühren, die andere Hälfte mit dem Mohn und dem Likör mischen.

3 Den Mohnteig in die Form füllen, den Limettenteig darauf verteilen und glatt streichen. Mit einer Gabel spiralförmig durch den Teig ziehen, sodass eine Marmorierung entsteht. Den Mohngugelhupf im Backofen auf der untersten Schiene 50 Minuten backen.

4 Den Kuchen herausnehmen und 5 Minuten ruhen lassen. Dann aus der Form lösen, vorsichtig stürzen und abkühlen lassen. Für die Glasur die Limetten heiß waschen, trocken reiben und die Schalen als Zesten abziehen, 1 Limette auspressen.

5 Den Limettensaft mit dem Puderzucker in einer kleinen Schüssel zu einem dicklichen Guss verrühren, den Kuchen damit überziehen und mit den Limettenzesten garnieren. Nach Belieben leicht mit Puderzucker bestäuben.

Tipp

Wenn Kinder mitessen, sollten Sie statt Orangenlikör Orangensaft verwenden. Je nach Geschmack können Sie Limettensaft und -schale in Teig und Glasur auch durch Orangensaft und -schale ersetzen.

Marmorkuchen
mit Puderzucker

*Oldie but Goldie: Der Klassiker mit dem typischen Teigmuster
darf bei einem Kaffeekränzchen auf keinen Fall fehlen*

Zutaten

Fett für die Form

250 g weiche Butter

175 g Zucker

1 gestr. TL Salz

5 Eier

500 g Mehl (Type 1050)

3 TL Backpulver

ca. 280 ml Milch

4 EL Kakaopulver

Puderzucker zum Bestäuben

Zubereitung
FÜR 1 KASTENFORM

1 Eine Kastenform (30 cm Länge) einfetten. Die Butter, den Zucker und das Salz in einer Schüssel mit den Quirlen des Handrührgeräts verrühren, bis sich der Zucker aufgelöst hat. Die Eier trennen, die Eigelbe nach und nach unter die Buttermasse rühren und weiterschlagen, bis die Masse hellcremig ist.

2 Den Backofen auf 180 °C vorheizen. Das Mehl und das Backpulver mischen, auf die Buttermasse sieben und mit $1/4$ l Milch unterrühren. Die Eiweiße zu einem steifen Schnee schlagen. Ein Drittel des Eischnees unter den Teig rühren, dann den Rest mit dem Teigschaber vorsichtig unterheben. Falls der Rührteig zu fest sein sollte, 2 bis 3 EL Milch unterrühren.

3 Zwei Drittel des Rührteigs in die Kastenform füllen. Das restliche Drittel Teig mit dem Kakao und 3 EL Milch verrühren. Den dunklen Teig auf dem hellen Teig in der Form verteilen und mit einer Gabel spiralförmig von unten nach oben durch den Teig ziehen, sodass die typische Marmorierung entsteht.

4 Den Kuchen im Backofen auf der untersten Schiene 1 Stunde goldbraun backen. Herausnehmen, 5 Minuten in der Form ruhen lassen. Anschließend vorsichtig auf das Kuchengitter stürzen und vollständig abkühlen lassen. Den Marmorkuchen zum Servieren mit Puderzucker bestäuben.

Tipp

Perfekter Rührteig: Wenn alle Zutaten wie z. B. Eier und Butter dieselbe Temperatur haben, verbinden sie sich beim Rühren besser zu einem Teig. Deshalb alles rechtzeitig vor dem Backen bereitstellen.

Mohnschnecken
mit Pistazien

Zutaten

1 Würfel Hefe (42 g)

150 g Zucker

¼ l lauwarme Milch

500 g Mehl · Salz

100 g Butter (in Stücken)

60 g Pistazien

250 g Aprikosenkonfitüre

2 EL Zitronensaft

75 g gemahlener Mohn

1 TL Zimtpulver

½ TL gemahlener Kardamom

Mehl für die Arbeitsfläche

Zubereitung
FÜR CA. 20 STÜCK

1 Die zerbröckelte Hefe mit 1 TL Zucker in der Milch auflösen, 15 Minuten gehen lassen. Das Mehl mit 90 g Zucker, 1 Prise Salz, der Butter und der Hefemilch in eine Schüssel geben und alles mit den Knethaken des Handrührgeräts zu einem Teig verkneten. Den Hefeteig zugedeckt an einem warmen Ort 45 Minuten gehen lassen.

2 Die Pistazien grob hacken. 200 g Konfitüre mit dem Zitronensaft in einem Topf bei schwacher Hitze erwärmen. Pistazien, Mohn, restlichen Zucker, Zimt und Kardamom unterrühren.

3 Backofen auf 180 °C vorheizen. Backblech mit Backpapier auslegen. Hefeteig halbieren und jeweils auf der bemehlten Arbeitsfläche zu einem etwa 1 cm dicken Rechteck ausrollen. Rechtecke mit der Mohnmischung bestreichen und von der Längsseite her einrollen. Von den Rollen etwa 2 cm dicke Scheiben abschneiden.

4 Die Mohnschnecken mit etwas Abstand auf das Blech setzen, leicht flach drücken und im Backofen auf der mittleren Schiene 20 bis 25 Minuten goldbraun backen. Restliche Konfitüre mit 2 EL Wasser erwärmen, durch ein Sieb streichen und die warmen Schnecken damit glasieren.

Möhren-Orangen-Kuchen
mit Pekannüssen

Zutaten

Für den Biskuitteig:

250 g Möhren · 5 Eier

300 g Zucker

1 Päckchen Orangenaroma

75 g Mehl · 1 TL Backpulver

300 g Pekannüsse (fein gehackt)

Für den Belag:

250 g Sahne

1 EL Puderzucker

einige ganze Pekannüsse

3 EL abgeriebene unbehandelte
Orangenschale

Zubereitung

FÜR 1 BACKBLECH

1 Den Backofen auf 200 °C vorheizen. Backpapier auf 26 x 26 cm Größe zuschneiden und in eine Ecke des Blechs legen. Die offenen Papierseiten mit Alufolie begrenzen.

2 Für den Biskuitteig die Möhren putzen, schälen und auf der Gemüsereibe sehr fein raspeln. Die Eier trennen, die Eigelbe und den Zucker mit den Quirlen des Handrührgeräts schaumig rühren. Das Orangenaroma zur Eiermasse geben. Das Mehl und das Backpulver mischen, ebenfalls darübersieben und unterrühren.

3 Die Möhren und die Nüsse hinzufügen und alles gut mischen. Eiweiße zu einem steifen Schnee schlagen. Ein Drittel des Eischnees unter die Möhren-Nuss-Masse rühren, dann den Rest vorsichtig unterheben. Den Teig auf das Backpapier geben und glatt streichen. Im Backofen auf der untersten Schiene etwa 1 Stunde backen. Herausnehmen und abkühlen lassen.

4 Für den Belag die Sahne steif schlagen, dabei den Puderzucker einrieseln lassen. Den Kuchen vor dem Servieren mit der Sahne bestreichen und in Stücke schneiden. Mit Pekannüssen und Orangenschale dekoriert servieren.

Schokoladenrolle
mit Johannisbeeren

Licht aus, Film ab: In dieser »menage à trois« stehlen sich Biskuit, Cremefüllung und süßsaure Beeren gegenseitig die Schau

Zutaten

Für die Creme:

150 g Zartbitterschokolade

4 frische Eier

125 g Zucker

100 g weiche Butter (in Stücken)

Für den Biskuitteig:

4 Eiweiß · 125 g Zucker

6 Eigelb

1 Päckchen Vanillezucker

50 g Butter

je 2 1/2 EL Mehl, Kakaopulver und Speisestärke

Außerdem:

Puderzucker für die Arbeitsfläche

150 g Johannisbeerkonfitüre

Zubereitung

FÜR 1 BACKBLECH

1 Für die Creme die Schokolade grob hacken und in einer Metallschüssel im heißen Wasserbad unter Rühren schmelzen lassen. Die Eier und den Zucker in einer Schüssel schaumig schlagen. Die Butter nach und nach unter die geschmolzene Schokolade rühren, bis eine glatte Masse entstanden ist. Auf die Eiermasse geben und vorsichtig unterheben. Die Schokoladencreme 1 Stunde kühl stellen.

2 Den Backofen auf 240 °C vorheizen. Ein Backblech mit Backpapier auslegen. Für den Biskuitteig die Eiweiße zu einem steifen Schnee schlagen, dabei nach und nach die Hälfte des Zuckers einrieseln lassen. Die Eigelbe mit dem restlichen Zucker und dem Vanillezucker in einer Schüssel schaumig schlagen. Die Butter zerlassen und unter die Eigelbmasse rühren. Ein Drittel des Eischnees unter die Eigelbmasse rühren, dann den Rest vorsichtig unterheben. Das Mehl, den Kakao und die Stärke darübersieben und ebenfalls unterheben.

3 Den Biskuitteig auf dem Blech verteilen und glatt streichen. Im Backofen auf der mittleren Schiene 7 bis 10 Minuten backen, der Teig darf nicht zu dunkel werden.

4 Herausnehmen, den Biskuitboden mit dem Backpapier auf ein mit Puderzucker bestäubtes Küchentuch stürzen. Das Backpapier vorsichtig entfernen. Den warmen Biskuitboden zuerst mit der Konfitüre bestreichen und dann die Schokoladencreme großzügig darauf verteilen. Den Biskuit von der breiten Seite her mithilfe des Küchentuchs einrollen und nach Belieben mit Johannisbeeren servieren.

Coffee-Cake
mit Erdnüssen

Zutaten

Für den Rührteig:

200 g Sahne

4 Eier · 400 g Mehl

½ TL Backpulver

1 EL Instant-Kaffeepulver

200 g Zucker

1 Päckchen Vanillezucker

Für den Belag:

150 g Zucker

125 g flüssige Butter

4 EL Milch

2 EL Zitronensaft

200 g gehackte Erdnüsse

Zubereitung
FÜR 1 BACKBLECH

1 Den Backofen auf 200 °C vorheizen. Ein Backblech mit Backpapier auslegen. Für den Rührteig die Sahne und die Eier in einer Schüssel mit den Quirlen des Handrührgeräts gut verrühren. Die Hälfte vom Mehl mit dem Backpulver und dem Kaffeepulver mischen, auf die Eier-Sahne-Mischung sieben und unterrühren.

2 Das restliche Mehl mit dem Zucker und dem Vanillezucker mischen und zur Kaffeemasse geben. Alle Zutaten so lange verrühren, bis ein glatter Teig entstanden ist.

3 Den Teig auf dem Backblech verteilen und glatt streichen. Den Kuchen im Backofen auf der mittleren Schiene etwa 10 Minuten backen.

4 Inzwischen für den Belag den Zucker mit der Butter, der Milch und dem Zitronensaft in einer Schüssel verrühren.

5 Den Kuchen aus dem Ofen nehmen, den Ofen nicht ausschalten. Die Zucker-Butter-Masse auf den Kuchen streichen und die Erdnüsse darauf verteilen. Coffee-Cake im Ofen 10 bis 12 Minuten fertig backen. Herausnehmen, abkühlen lassen und zum Servieren in Stücke schneiden.

Rehrücken
mit Mandelstiften

Zutaten

280 g dunkle Kuvertüre

6 Eier · 125 g weiche Butter

60 g Vanillezucker

150 g gemahlene Mandeln

2–3 EL Mehl

5 g Instant-Kaffeepulver

Fett und Paniermehl
für die Form

Salz · 100 g Zucker

200 g Aprikosenkonfitüre

100 g Mandelstifte

180 g Butter

Zubereitung

FÜR 1 REHRÜCKENFORM

1 Die Kuvertüre hacken. Für den Teig 100 g Kuvertüre in einer Metallschüssel im heißen Wasserbad schmelzen und etwas abkühlen lassen. Die Eier trennen. Die Butter und den Vanillezucker in einer Schüssel schaumig schlagen, Kuvertüre und Eigelbe unterrühren. Mandeln, Mehl und Kaffee vermischen und unterheben.

2 Den Backofen auf 180 °C vorheizen. Eine Form einfetten und mit Paniermehl ausstreuen. Die Eiweiße mit 1 Prise Salz zu einem steifen Schnee schlagen, dabei den Zucker einrieseln lassen. Ein Drittel des Eischnees unter den Teig rühren, dann den Rest vorsichtig unterheben. Den Teig in die Form füllen, im Backofen auf der mittleren Schiene 1 Stunde backen. Herausnehmen, abkühlen lassen und stürzen.

3 Für die Glasur die Konfitüre erhitzen. Den Kuchen zweimal quer durchschneiden und mit Konfitüre bestreichen. Kuchen wieder zusammensetzen, außen dünn mit Konfitüre bestreichen und mit Mandelstiften spicken. Butter und restliche Kuvertüre getrennt schmelzen und lauwarm abkühlen lassen. Zu einer glatten Masse verrühren, den Kuchen damit überziehen.

Birnentarte
mit Himbeersauce

*Eine süße Truppe: Eingerahmt in knusprigen Blätterteig,
kann bei dieser Tarte kein Früchtchen aus der Reihe tanzen*

Zutaten

Für den Boden:

400 g Tiefkühl-Blätterteig

Für die Füllung:

5–6 kleine Birnen

¼ l Weißwein

3 EL Zucker

1 Stück Zimtstange

2 Gewürznelken

Für die Creme:

1 Päckchen Vanillepudding-

pulver (ohne Kochen)

¼ l Milch

Für die Sauce:

150 g Himbeeren

2 EL Zucker

Außerdem:

Mehl für die Arbeitsfläche

getrocknete Hülsenfrüchte

zum Blindbacken

Zubereitung

FÜR 4–6 PERSONEN

1 Den Backofen auf 200 °C vorheizen. Ein Backblech mit Backpapier auslegen. Für den Boden den Blätterteig auftauen
lassen. Den Teig auf der bemehlten Arbeitsfläche mit dem
Nudelholz ausrollen, ein großes Rechteck von 30 x 20 cm ausschneiden und auf das Backblech legen. Aus dem restlichen
Teig eine dünne Rolle formen und als Rand auf den Teig legen.

2 Das Rechteck mit Backpapier auslegen und mit Hülsenfrüchten
bedecken. Den Blätterteigboden im Backofen auf der mittleren
Schiene 25 bis 30 Minuten goldbraun backen. Den Blätterteig
herausnehmen, das Papier und die Hülsenfrüchte entfernen
und den Boden abkühlen lassen.

3 Für die Füllung die Birnen halbieren, schälen und die Kerngehäuse entfernen, dabei die Stiele an den Früchten lassen.
Den Weißwein, den Zucker, den Zimt und die Nelken in einem
Topf kurz aufkochen lassen. Die Birnenhälften hinzufügen
und bei mittlerer Hitze zugedeckt 10 bis 15 Minuten dünsten.
Die Früchte mit dem Schaumlöffel herausheben und gut
abtropfen lassen.

4 Für die Creme das Puddingpulver nach Packungsanweisung
mit der Milch anrühren. Die Vanillecreme auf dem Blätterteigboden verteilen und die abgetropften Birnenhälften
daraufsetzen. Die Birnentarte 1 Stunde kühl stellen.

5 Für die Sauce die Himbeeren verlesen, kurz abbrausen und
mit Küchenpapier trocken tupfen. Die Früchte mit dem Zucker
in einem hohen Rührbecher mit dem Stabmixer fein pürieren.
Das Püree durch ein Sieb streichen. Birnentarte aus dem Ofen
nehmen, nach Belieben mit Puderzucker bestäuben und mit
der Himbeersauce beträufeln. Die Tarte gut gekühlt servieren.

Maracujatartes
mit Nougatsahne

Mit einem Hauch Exotik: Diese herrlich erfrischenden Früchte-tartes bringen zu jeder Jahreszeit Sommerlaune auf den Kaffeetisch

Zutaten

Für den Mürbeteig:

200 g Mehl

50 g gemahlene Mandeln

60 g Zucker · 1 Ei

125 g kalte Butter (in Stücken)

Für die Creme:

500 g Crème fraîche

250 g saure Sahne

100 g Zucker · 1 Ei · 1 Eigelb

20 g Vanillepuddingpulver

Mark von 1 Vanilleschote

abgeriebene Schale von

1 unbehandelten Zitrone

Für den Guss:

3 Blatt weiße Gelatine

150 ml Maracujasaft

50 g Zucker

Für die Sahne:

200 g Nougat · 100 g Sahne

Außerdem:

Fett und Mehl für die Formen

Mehl für die Arbeitsfläche

getrocknete Hülsenfrüchte

zum Blindbacken

Zubereitung
FÜR 2 TARTEFORMEN

1 Für den Mürbeteig das Mehl mit den Mandeln und dem Zucker mischen, auf die Arbeitsfläche häufen und in die Mitte eine Mulde drücken. Das Ei in die Mitte geben, die Butterstücke um das Ei herum verteilen.

2 Alle Zutaten mit dem Messer gut durchhacken, sodass kleine Teigkrümel entstehen. Mit kühlen Händen rasch zu einem Teig verkneten und zu einer Kugel formen. Den Teig in Frischhalte-folie wickeln und mindestens 1 Stunde kühl stellen.

3 Backofen auf 180 °C vorheizen. Tarteformen (à 18 cm Durch-messer) einfetten und mit Mehl bestäuben. Den Teig auf der mit Mehl bestäubten Arbeitsfläche ausrollen und die Formen damit auskleiden, dabei einen Rand formen. Aus Backpapier 2 Kreise in der Größe der Form ausschneiden, auf den Teig legen und mit Hülsenfrüchten bedecken. Im Backofen 10 bis 15 Minuten backen. Herausnehmen, Papier und Hülsenfrüchte entfernen. Backofentemperatur auf 110 °C herunterschalten.

4 Für die Creme alle Zutaten in einer Schüssel gut verrühren und auf den Teigböden verteilen. Die Tartes im Backofen auf der mittleren Schiene 30 Minuten backen. Herausnehmen und vollständig abkühlen lassen.

5 Für den Guss die Gelatine in kaltem Wasser einweichen. Den Maracujasaft und den Zucker in einem Topf etwa 4 Minuten erhitzen, bis sich der Zucker aufgelöst hat. Die Gelatine hin-zufügen und darin auflösen. Nach Belieben Maracujakerne unterrühren. Die Tartes mit einem Esslöffel gleichmäßig mit dem Guss überziehen.

6 Für die Sahne den Nougat in der Sahne in einem Topf bei schwacher Hitze schmelzen lassen. In ein Wasserbad mit Eis-würfeln stellen und die Nougatsahne mit dem Handrührgerät schaumig schlagen. Von der Nougatsahne mit einem Löffel Nocken abnehmen und mit den Maracujatartes servieren.

Schokoladentarte
mit Vanillegranité

Manche Träume finden auf der Zunge statt: Wenn sich dunkle Schokolade und süße Vanille vereinen, wird selbst der Willensstärkste schwach

Zutaten

Für das Granité:

1 Vanilleschote

300 g Schmand

60 g Puderzucker

Saft von 1 Limette

Für die Tarte:

250 g dunkle Kuvertüre

250 g Butter (in Stücken)

5 frische Eigelb

200 g Zucker

3 Eiweiß

Außerdem:

Fett und Paniermehl

für die Form

Zubereitung

FÜR 1 TARTEFORM

1 Für das Granité die Vanilleschote der Länge nach aufschneiden und das Mark herauskratzen. Den Schmand mit dem Vanille-mark, dem Puderzucker und dem Limettensaft in einer Schüs-sel verrühren. Die Creme in einer flachen Form verteilen und im Tiefkühlfach etwa 3 Stunden gefrieren lassen.

2 Eine Tarteform (26 cm Durchmesser) einfetten und mit Panier-mehl ausstreuen. Für die Tarte die Kuvertüre grob hacken. Mit der Butter in einer Schüssel im heißen Wasserbad unter Rühren schmelzen lassen. Den Backofen auf 110 °C (Umluft) vorheizen. Eigelbe mit 150 g Zucker in einer Schüssel cremig rühren, dann die Kuvertüre-Butter-Mischung unterrühren. Die Eiweiße zu einem steifen Schnee schlagen, dabei den rest-lichen Zucker einrieseln lassen. Ein Drittel des Eischnees unter die Schokoladencreme rühren, dann den Rest unterheben. Ein Viertel der Schokoladenmasse abnehmen und beiseitestellen.

3 Die Schokoladenmasse in die Form füllen, glatt streichen und mit Alufolie abdecken. Im Backofen auf der mittleren Schiene 50 Minuten backen. Herausnehmen und etwas abkühlen las-sen. Die beiseitegestellte Schokoladenmasse auf den noch warmen Kuchen streichen und vollständig abkühlen lassen.

4 Das Vanillegranité aus dem Tiefkühlfach nehmen und mit einem Teigschaber in kleine Stücke teilen. In vorgekühlte Gläser füllen und zu der Tarte servieren. Nach Belieben mit Schokoladenröllchen verzieren.

Tipp

Schokolade schmeckt nicht nur gut, sondern ist auch besonders reich an Mineralstoffen: In 100 g steckt der tägliche Bedarf an Magnesium und Kalium, und sie wirkt zudem beruhigend auf die Nerven.

Erdbeer-Schoko-Torte
mit Vanillesahne

Zutaten

Für den Biskuitteig:

6 Eigelb · 180 g Zucker

1 Päckchen Vanillezucker

6 Eiweiß · 80 g Mehl

je 60 g Speisestärke

und Kakaopulver

Für die Füllung:

500 g Sahne

1 Päckchen Vanillezucker

300 g Erdbeeren

500 g dunkle Kuvertüre

Außerdem:

Fett für die Form

einige schöne Erdbeeren

Zubereitung
FÜR 1 SPRINGFORM

1 Für den Biskuit den Backofen auf 175 °C vorheizen. Springform (26 cm Durchmesser) einfetten. Eigelbe mit der Hälfte des Zuckers und dem Vanillezucker schaumig schlagen. Die Eiweiße steif schlagen, den restlichen Zucker einrieseln lassen. Unter die Masse heben. Mehl, Stärke und Kakao darübersieben und unterheben. Den Teig in die Form füllen und glatt streichen. Im Ofen auf der mittleren Schiene 25 bis 30 Minuten backen. Abkühlen lassen, aus der Form lösen und etwa 2 Stunden ruhen lassen.

2 Für die Füllung die Sahne mit dem Vanillezucker steif schlagen. Die Erdbeeren waschen, putzen und halbieren. Kuvertüre grob hacken und in einer Schüssel im heißen Wasserbad unter Rühren schmelzen lassen. Die Torte zweimal quer durchschneiden. Den unteren Boden mit etwas Kuvertüre bestreichen, die Hälfte der Sahne darauf verteilen, mit der Hälfte der Erdbeeren belegen. Den mittleren Boden daraufsetzen, mit Kuvertüre bestreichen, restliche Sahne und Erdbeeren darauf verteilen. Oberen Boden daraufsetzen. Die Torte rundherum mit Kuvertüre überziehen und mit Erdbeeren garnieren.

Charlottes
mit Erdbeercreme

Zutaten

1 kg Erdbeeren

12 Blatt weiße Gelatine

500 g Mascarpone

Saft von 1 Zitrone

4 cl Orangenlikör

(z.B. Grand Marnier)

4 cl brauner Tequila

50 g Zucker

ca. 40 Löffelbiskuits

50 g dunkle Kuvertüre

Zubereitung
FÜR 4 STÜCK

1 Die Erdbeeren waschen, putzen und trocken tupfen, etwa 700 g Beeren pürieren. Die Gelatine in kaltem Wasser einweichen. Den Mascarpone mit Zitronensaft, Orangenlikör, Tequila, Zucker und dem Erdbeerpüree verrühren.

2 Die Gelatine tropfnass in einem kleinen Topf erhitzen und auflösen, etwas Erdbeercreme abnehmen und mit der Gelatine verrühren. Die Gelatinemasse unter die restliche Creme rühren. Die Erdbeercreme etwa 30 Minuten kühl stellen, bis die Masse zu gelieren beginnt.

3 Vier große Dessertschalen mit Frischhaltefolie auslegen und die Löffelbiskuits mit der Zuckerseite nach außen nebeneinander an den Rand stellen. Die Erdbeercreme einfüllen, glatt streichen und etwa 2 Stunden kühl stellen.

4 Die Charlottes vorsichtig auf Teller stürzen. Die Kuvertüre grob hacken und in einer Metallschüssel im heißen Wasserbad schmelzen lassen. Die flüssige Kuvertüre in einen Gefrierbeutel füllen und am unteren Ende eine kleine Ecke abschneiden. Die Biskuits mit der Kuvertüre verzieren. Die Charlottes mit den restlichen Erdbeeren garnieren.

Rosentorte

mit kandierten Rosenblüten

Ein Hoch auf die Romantik: Das kunstvolle Dekor aus Rosenblättern
und kandierten Rosenblüten ist fast zu schön, um es mitzuessen

Zutaten

Für die Torte:

1 Packung dunkler

Wiener Biskuitboden

(Fertigprodukt; 3 Platten)

50 ml frisch gepresster

Orangensaft

125 g dunkle Kuvertüre

250 g Sahne

1 EL abgeriebene

unbehandelte Orangenschale

Für die Deko:

50 g dunkle Kuvertüre

ca. 10 unbehandelte

Rosenblätter

1 Eiweiß

unbehandelte Rosenblüten

oder Rosenblütenblätter

feinster Zucker

Kakaopulver zum Bestäuben

Zubereitung

1 Für die Torte aus den dunklen Biskuitböden 3 Quadrate à etwa 16 x 16 cm schneiden, 2 Quadrate mit Orangensaft beträufeln und die Hälfte der Teigreste mit den Fingern fein zerkrümeln. Die Kuvertüre grob hacken, in einer Metallschüssel im heißen Wasserbad unter Rühren schmelzen und etwas abkühlen lassen.

2 Die Sahne steif schlagen. Die geschmolzene Kuvertüre und die Orangenschale unter die Sahne rühren. Die Hälfte der Schokoladensahne vorsichtig unter eine Hälfte der Biskuitbrösel heben. Restliche Brösel anderweitig verwenden.

3 Das Teigquadrat ohne Orangensaft mit der Hälfte der Biskuitmousse bestreichen, einen der beträufelten Teigböden daraufjelegen, die restliche Biskuitmousse darauf verstreichen. Den dritten Teigboden mit der beträufelten Seite nach unten daraufsetzen und leicht andrücken. Die Torte rundherum mit der restlichen Schokosahne bestreichen und kühl stellen.

4 Für die Deko die Kuvertüre grob hacken und in einer Metallschüssel im heißen Wasserbad unter Rühren schmelzen lassen. Die Rosenblätter mit einem Pinsel auf der gerippten Seite mit der Kuvertüre bestreichen. Auf Backpapier setzen und im Kühlschrank fest werden lassen.

5 Das Eiweiß verquirlen. Die Rosenblüten durch das Eiweiß ziehen, im Zucker wenden und trocknen lassen. Die Rosenblätter aus dem Kühlschrank nehmen. Die Blätter vorsichtig von der Schokolade abziehen. Die Torte mit den Schokoblättern verzieren und mit Kakaopulver bestäuben. Mit den kandierten Rosenblüten garnieren.

Zuccotto-Torte
mit Schoko-Nuss-Füllung

Kann denn Süßes Sünde sein? Die üppige italienische Kuppeltorte
ist ein sahniger Glücklichmacher, der es in sich hat

Zutaten

Für den Biskuitteig:

5 Eier · 125 g Puderzucker

1 Päckchen Vanillezucker

je 50 g Speisestärke und Mehl

2 cl Amaretto

(ital. Mandellikör)

Für die Füllung:

200 g Zartbitterschokolade

900 g Sahne

je 50 g gehackte Mandeln und

Haselnüsse

50 g Baiser (Fertigprodukt)

50 g Puderzucker

Außerdem:

200 g dunkle Kuvertüre

Puderzucker zum Bestäuben

Himbeeren zum Garnieren

Zubereitung

FÜR 1 SPRINGFORM

1 Für den Biskuitteig den Backofen auf 175 °C vorheizen. Den Boden einer Springform (28 cm Durchmesser) mit Backpapier auslegen. Die Eier trennen. Eiweiße zu einem steifen Schnee schlagen. Eigelbe, Puderzucker und Vanillezucker schaumig schlagen. Ein Drittel des Eischnees unter die Eigelbmasse rühren, den Rest unterheben. Die Stärke und das Mehl mischen und ebenfalls vorsichtig unterheben. Teig in die Form füllen und im Backofen auf der mittleren Schiene etwa 35 Minuten backen. Den Biskuit 10 Minuten in der Form abkühlen lassen. Herauslösen und vollständig abkühlen lassen.

2 Eine Schüssel (etwa 25 cm Durchmesser) mit Frischhaltefolie auslegen. Den Biskuitboden waagerecht in 3 Böden teilen. Zwei Böden in jeweils 6 Tortenstücke schneiden. Die Schüssel dicht an dicht mit den Biskuitstücken auslegen und mit Amaretto beträufeln.

3 Für die Füllung die Schokolade grob hacken, 100 g Schokolade in 100 g Sahne bei schwacher Hitze schmelzen lassen. Beiseitestellen und abkühlen lassen. Die Mandeln und die Haselnüsse in einer beschichteten Pfanne ohne Fett rösten. Das Baiser zerbröseln. Die restliche Sahne mit dem Puderzucker steif schlagen, restliche gehackte Schokolade, Mandeln und Haselnüsse unterheben. Die Sahnemischung teilen, eine Hälfte mit den Baiserbröseln mischen, unter die andere Hälfte die abgekühlte Schokosahne rühren.

4 Die Baisersahne gleichmäßig auf dem Biskuit in der Schüssel verstreichen. Die Schokoladensahne daraufgeben, glatt streichen und mit dem restlichen Biskuitboden abdecken. Den Zuccotto mindestens 6 Stunden kühl stellen.

5 Die Kuvertüre schmelzen lassen. Die Torte vorsichtig stürzen, die Folie entfernen und den Zuccotto mit Kuvertüre überziehen. Mit Puderzucker bestäuben, mit Himbeeren garnieren.

Espressotorte
mit Cognac und Schokolade

Da werden sich Espressosüchtige freuen: Der »kleine Schwarze«
kann auch in einer Torte seinen vollen Geschmack entfalten

Zutaten

Für die Espressosahne:

100 g Mokkaschokolade

250 g Sahne

1 EL Instant-Espressopulver

Für den Biskuitteig:

100 g Zartbitterschokolade

100 g gemahlene Haselnüsse

6 Eier

120 g Zucker

50 g Mehl · 30 g Speisestärke

1 EL Instant-Espressopulver

Außerdem:

100 ml kalter, starker Espresso

4 cl Cognac

200 g Sahne

Schokospäne zum Garnieren

Zubereitung

FÜR 1 SPRINGFORM

1 Am Vortag für die Espressosahne die Mokkaschokolade in Stücke brechen. In einem Topf in der Sahne bei schwacher Hitze schmelzen lassen. Das Espressopulver unterrühren und die Sahne über Nacht kühl stellen.

2 Den Backofen auf 180 °C vorheizen. Für den Biskuitteig die Schokolade reiben. Die Haselnüsse in einer beschichteten Pfanne ohne Fett anrösten.

3 Die Eier trennen. Die Eiweiße zu einem steifen Schnee schlagen. Die Eigelbe und den Zucker mit den Quirlen des Handrührgeräts schaumig schlagen. Geriebene Schokolade, Mehl, Speisestärke, Haselnüsse und Espressopulver hinzufügen und unterrühren. Ein Drittel des Eischnees unter die Eigelbmasse rühren, dann den Rest unterheben.

4 Eine Springform (28 cm Durchmeser) mit Backpapier auslegen. Den Teig hineinfüllen, glatt streichen und im Backofen auf der mittleren Schiene 35 bis 40 Minuten backen.

5 Den Espresso mit dem Cognac mischen. Den abgekühlten Kuchenboden waagerecht durchschneiden und die beiden Hälften mit der Kaffeemischung tränken. Die Espressosahne schaumig schlagen.

6 Die Espressosahne auf einem Tortenboden verteilen und glatt streichen. Den zweiten Tortenboden daraufsetzen. Die Sahne steif schlagen und die Torte rundum dick damit überziehen. Die Torte mit Schokospänen garnieren.

Geeiste Kaffeetorte
mit gehackten Pistazien

*Wer kann da widerstehen? Diese eiskalte Köstlichkeit braucht
zwar etwas Zeit, überzeugt aber nicht nur Kaffeetrinker*

Zutaten

100 g Kaffeebohnen

350 g Sahne

Fett für das Blech

3 Eiweiß

7 frische Eigelb

75 g Zucker

50 g Mehl

1 EL Speisestärke

3 Blatt weiße Gelatine

100 g weiße Kuvertüre

100 g dunkle Kuvertüre

4 Päckchen Vanillezucker

4 EL gehackte Pistazien

Zubereitung
FÜR 1 KASTENFORM

1 Am Vortag die Kaffeebohnen grob zerstoßen. Die Sahne mit den Kaffeebohnen in eine Schüssel geben und zugedeckt im Kühlschrank über Nacht ziehen lassen.

2 Am nächsten Tag den Backofen auf 180 °C vorheizen. Ein Backblech einfetten. Die Eiweiße zu einem steifen Schnee schlagen. 3 Eigelb mit dem Zucker in einer Schüssel schaumig schlagen. Ein Drittel des Eischnees unterrühren, dann den Rest vorsichtig unterheben. Mehl und Stärke darübersieben und ebenfalls unterheben. Den Teig auf die Hälfte des Blechs streichen, den Biskuit im Backofen auf der mittleren Schiene etwa 12 Minuten backen und abkühlen lassen.

3 Inzwischen die Gelatine in kaltem Wasser einweichen. Die beiden Kuvertüren getrennt voneinander grob hacken und in zwei Metallschüsseln im heißen Wasserbad unter Rühren schmelzen lassen.

4 Die restlichen Eigelbe mit dem Vanillezucker im heißen Wasserbad hellschaumig schlagen. Die Gelatine ausdrücken und in der warmen Creme auflösen, die weiße Kuvertüre unterrühren und abkühlen lassen.

5 Die Sahne mit den Kaffeebohnen durch ein Sieb gießen. Die Kaffeesahne steif schlagen und unter die weiße Kuvertürecreme heben.

6 Den Biskuit der Länge nach halbieren und in Größe einer Kastenform (2 l Inhalt) zuschneiden. Den Biskuit und die Creme abwechselnd in die Kastenform schichten, dabei den Biskuit mit der dunklen Kuvertüre bestreichen. In die letzte Cremeschicht die Pistazien streuen. Die Kaffeetorte mindestens 6 Stunden ins Tiefkühlfach stellen. Zum Servieren aus der Form stürzen und in Scheiben schneiden.

Cookies

Espressoplätzchen
mit Mokka-Schokobohnen

*Perfekt gedeckt für Kaffeefans: Auch als Plätzchen mit
zarter Schokoladencreme ist der »kleine Schwarze« der absolute Hit*

Zutaten

100 g Zartbitterschokolade

50 ml heißer, starker Espresso

100 g weiche Butter

50 g Puderzucker

1 Eigelb · 200 g Mehl

50 g dunkle Kuvertüre

ca. 45 Mokka-Schokobohnen

Zubereitung

FÜR CA. 45 STÜCK

1 Die Schokolade fein hacken und mit dem Espresso in einer Schüssel im heißen Wasserbad unter Rühren schmelzen lassen. 1 EL der Espresso-Schokoladen-Mischung mit der Butter, dem Puderzucker und dem Eigelb zu einer Creme verrühren.

2 Das Mehl hinzufügen und alles zu einem glatten Teig verkneten. Den Teig zu einer Kugel formen, in Frischhaltefolie wickeln und 15 Minuten kühl stellen. Die restliche Espresso-Schokoladen-Mischung beiseitestellen.

3 Den Backofen auf 180 °C vorheizen. Ein Backblech mit Backpapier auslegen. Den Teig zwischen zwei Lagen Frischhaltefolie 4 mm dick ausrollen, in gleich große schmale Rechtecke schneiden und die Plätzchen mit etwas Abstand auf das Blech setzen. Im Backofen auf der mittleren Schiene 12 bis 15 Minuten backen. Die Espressoplätzchen mit dem Backpapier vom Blech ziehen und abkühlen lassen.

4 Die restliche Espresso-Schokoladen-Mischung erwärmen und durchrühren. Die Plätzchen auf einer Seite damit bestreichen und je 2 Plätzchen mit der Schokoladenseite zusammensetzen.

5 Die Kuvertüre hacken und in einer Schüssel im heißen Wasserbad unter Rühren schmelzen lassen. In einen Gefrierbeutel füllen und am unteren Ende eine kleine Ecke abschneiden. Die Plätzchen mit der Schokolade in feinen Linien überziehen, mit je 1 Mokka-Schokobohne garnieren und trocknen lassen. Die Espressoplätzchen kühl und trocken aufbewahren.

Tipp

Für eine Cappuccino-Variante können Sie die Plätzchen statt mit dunkler auch mit weißer Kuvertüre verzieren. Waschechte Kaffeefans setzen auf die Plätzchen übrigens auch richtige Kaffeebohnen.

Eclairs
mit Trüffelcreme

Kleine Schätze aus dem Ofen: Wer an diesen »Liebesknochen«
knabbert, wird sich wie im Schokohimmel fühlen

Zutaten

Für die Trüffelcreme:

60 g Zartbitterschokolade

150 g Sahne

1 EL Instant-Kaffeepulver

Für den Brandteig:

75 g Butter

¼ l Milch · Salz

150 g Mehl

4 Eier

Außerdem:

1 Eigelb zum Bestreichen

50 g dunkle Kuvertüre

zum Verzieren

Zubereitung

FÜR 20–25 STÜCK

1 Für die Trüffelcreme die Schokolade raspeln. Mit der Sahne in einem Topf unter ständigem Rühren erhitzen. Wenn die Sahne Bläschen bildet, das Kaffeepulver unterrühren und den Topf vom Herd nehmen. Die Mischung in eine Metallschüssel geben und auf Eiswasser stellen. So lange rühren, bis die Sahne abgekühlt ist. Im Kühlschrank vollständig erkalten lassen.

2 Die Creme mit den Quirlen des Handrührgeräts wie Schlagsahne schlagen, bis sie fest ist. Bis zur Verwendung wieder in den Kühlschrank stellen.

3 Für den Brandteig den Backofen auf 220 °C vorheizen. Ein Backblech mit Backpapier auslegen. In einem Topf die Butter mit Milch und 1 Prise Salz aufkochen. Unter Rühren das Mehl auf einmal in die kochende Flüssigkeit geben. Den Topf vom Herd nehmen und weiterrühren, bis der Teig sich als Kloß vom Topfboden löst.

4 Den Teig in eine Schüssel füllen und sofort ein Ei untermischen. Nach und nach die restlichen Eier einzeln unterrühren und so lange rühren, bis der Teig glänzt.

5 Den Teig in einen Spritzbeutel mit Lochtülle füllen und etwa 5 cm lange Teigstäbchen auf das Blech spritzen. Das Eigelb verquirlen und die Teigstäbchen damit bestreichen. Im Backofen auf der mittleren Schiene etwa 15 Minuten backen.

6 Die Eclairs noch heiß mit einer Schere aufschneiden und etwas abkühlen lassen. Die Trüffelcreme mithilfe eines Spritzbeutels mit Sterntülle auf die unteren Hälften spritzen und die Deckel daraufsetzen. Die Kuvertüre schmelzen lassen, in einen Gefrierbeutel füllen, am unteren Ende eine kleine Ecke abschneiden und die Eclairs damit in feinen Linien verzieren. Am besten sofort servieren.

Zimtkekse
mit Kakaopulver

Zutaten

250 g Mehl

150 g Puderzucker

1 TL Zimtpulver

1 Ei

150 g Butter

2 TL Kakaopulver

50 g gemahlene Mandeln

Puderzucker zum Bestäuben

Zubereitung
FÜR CA. 30 STÜCK

1 Das Mehl mit dem Puderzucker und dem Zimt mischen, auf die Arbeitsfläche häufen und eine Mulde in die Mitte drücken. Das Ei in die Mulde geben. Die Butter in Stücke schneiden und um das Ei herum verteilen. Alle Zutaten rasch mit kühlen Händen zu einem Teig verkneten.

2 Kakao und Mandeln unterkneten. Den Teig zu einer Kugel formen, in Frischhaltefolie wickeln und 1 Stunde kühl stellen.

3 Den Backofen auf 180 °C vorheizen. Ein Backblech mit Backpapier auslegen. Den Teig zwischen zwei Lagen Backpapier 4 bis 5 mm dick ausrollen und mit einem runden Ausstecher Kekse à etwa 4 cm Durchmesser ausstechen.

4 Die Teigkreise auf das Blech legen und im Backofen auf der mittleren Schiene etwa 10 Minuten backen. Aus dem Ofen nehmen und auf dem Kuchengitter abkühlen lassen. Die Zimtkekse mit Puderzucker bestäuben und kühl und trocken aufbewahren.

Mandelmakronen
mit Schoko-Kaffee-Creme

Zutaten

250 g ungeschälte Mandeln

135 g dunkle Kuvertüre

4 Eiweiß

280 g Puderzucker

2 EL Speisestärke

2 EL Instant-Kaffeepulver

60 g weiche Butter

1 frisches Eigelb

2 EL heißer, starker Kaffee

Zubereitung
FÜR CA. 30 STÜCK

1 Die Mandeln fein mahlen, 75 g Kuvertüre reiben. Die Eiweiße zu einem steifen Schnee schlagen, dabei 200 g Puderzucker mit der Speisestärke nach und nach einrieseln lassen und weiterschlagen, bis die Masse steif ist und glänzt. Die Mandeln, das Kaffeepulver und die Kuvertüre unter den Eischnee heben.

2 Den Backofen auf 160 °C vorheizen. Ein Backblech mit Backpapier auslegen. Die Teigmasse in einen Spritzbeutel mit Lochtülle füllen und 60 kleine Häufchen à 2 cm Durchmesser auf das Blech spritzen. Die Makronen im Backofen auf der mittleren Schiene etwa 15 Minuten backen. Herausnehmen und abkühlen lassen.

3 Die restliche Kuvertüre hacken und im heißen Wasserbad schmelzen lassen. Die Butter cremig rühren, Eigelb, restlichen Puderzucker und Kaffee dazugeben und gut unterrühren. Die Kuvertüre untermischen. Jeweils 2 Makronen auf der Unterseite mit Schoko-Kaffee-Creme bestreichen und zusammensetzen. Die restliche Creme in einen Gefrierbeutel füllen und am unteren Ende eine kleine Ecke abschneiden. Die Makronen verzieren und trocknen lassen.

Amarettini
mit Hagelzucker

Ein Stück Dolce Vita: Diese kleinen knusprigen Mandelkekse
sind die perfekten Begleiter zu Cappuccino oder Espresso

Zutaten

2 Eiweiß

150 g Zucker

200 g geschälte gemahlene
Mandeln

4 Tropfen Bittermandelaroma

ca. 4 EL Hagelzucker

Zubereitung
FÜR CA. 100 STÜCK

1 Den Backofen auf 160 °C vorheizen. Ein Backblech mit Backpapier auslegen. Die Eiweiße in einer Schüssel mit den Quirlen des Handrührgeräts zu einem steifen Schnee schlagen.
Dabei nach und nach den Zucker einrieseln lassen und so
lange weiterschlagen, bis sich der Zucker aufgelöst hat.

2 Die Mandeln mit dem Bittermandelaroma in einer Schüssel
mischen und nach und nach unter den Eischnee heben, sodass eine glatte Masse entsteht. Von dem Mandelteig mit
einem Teelöffel haselnussgroße Portionen abnehmen und
zu Kugeln formen. Mit etwas Abstand auf das Backblech
setzen und dabei leicht flach drücken.

3 Die Mandelkekse im Backofen auf der mittleren Schiene
25 Minuten goldbraun backen. Herausnehmen und sofort mit
dem Hagelzucker bestreuen. Auf das Kuchengitter setzen und
vollständig abkühlen lassen.

Tipp

Die Amarettini passen gut zu Espresso, Latte macchiato oder Cappuccino. Damit sie möglichst lange
frisch bleiben, bewahren Sie sie am besten in einer
verschließbaren Dose an einem kühlen Ort auf.

Macadamiaplätzchen
mit Zimt und Vanille

Einfach unwiderstehlich: Wenn Sie diese köstlichen Kekse
aus edlen Nüssen servieren, bleibt garantiert kein Krümel übrig

Zutaten

150 g Macadamianüsse

175 g weiche Butter

100 g Zucker

Salz

Mark von 1 Vanilleschote

1 TL Zimtpulver

200 g Mehl

1 TL Backpulver

1 Ei

Zubereitung
FÜR CA. 40 STÜCK

1 Die Macadamianüsse grob hacken. Die Butter mit dem Zucker und 1 Prise Salz in einer Schüssel mit den Quirlen des Handrührgeräts verrühren, bis sich der Zucker aufgelöst hat. Dann das Vanillemark und den Zimt unter die Buttermasse rühren.

2 Das Mehl und das Backpulver mischen, auf die Buttermasse sieben und mit den Nüssen und dem Ei unterkneten. Den Nussteig zu einer Kugel formen, in Frischhaltefolie wickeln und 30 Minuten kühl stellen.

3 Den Backofen auf 180 °C vorheizen. Ein Backblech mit Backpapier auslegen. Von dem Teig mit einem Teelöffel walnussgroße Portionen abnehmen und mit angefeuchteten Händen zu Kugeln formen. Mit etwa 3 cm Abstand auf das Blech setzen und im Backofen auf der mittleren Schiene etwa 10 Minuten goldbraun backen.

4 Die Macadamiaplätzchen herausnehmen und auf dem Kuchengitter abkühlen lassen. Nach Belieben vor dem Servieren mit Kokosraspeln bestreuen. Die Macadamiaplätzchen kühl und trocken aufbewahren.

Tipp

Macadamianüsse gehören zu den edelsten und wohlschmeckendsten, aber auch zu den teuersten Nussarten. Ihr feiner Geschmack wird durch leichtes Anrösten ohne Fett noch intensiver.

Chocolate-Chip-Cookies
mit Haselnüssen und Zimt

Zutaten

140 g weiche Butter

200 g Rohrzucker

50 g Puderzucker

½ TL Salz

2 Eier

350 g Mehl

1 TL Backpulver

1 TL Zimtpulver

100 g gemahlene Haselnüsse

200 g dunkle Schokotropfen
(Chocolate-Chips)

Zubereitung
FÜR CA. 24 STÜCK

1 Den Backofen auf 190 °C vorheizen. Ein Backblech mit Backpapier auslegen. Die Butter, den Rohrzucker, den Puderzucker und das Salz in einer Schüssel mit den Quirlen des Handrührgeräts verrühren, bis sich der Zucker aufgelöst hat, nacheinander die Eier unterrühren.

2 Das Mehl mit dem Backpulver und dem Zimt mischen, auf die Buttermasse sieben und alles zu einem Teig verrühren. Zuletzt die Haselnüsse und die Schokotropfen mit dem Teigschaber vorsichtig unter den Teig heben.

3 Von dem Teig mit einem Esslöffel Portionen abnehmen und mit etwas Abstand als kleine Häufchen auf das Blech setzen. Die Cookies im Backofen auf der mittleren Schiene 15 bis 17 Minuten backen. Herausnehmen und auf dem Kuchengitter vollständig abkühlen lassen. Die Cookies kühl und trocken aufbewahren.

Amerikaner
mit Zitronenglasur

Zutaten

Für den Rührteig:

100 g weiche Butter

100 g Zucker

2 Eier

abgeriebene Schale von

1 unbehandelten Zitrone

200 g Mehl

100 g Speisestärke

2 TL Backpulver

4 EL Sahne

Für die Glasur:

150 g Puderzucker

2 EL Zitronensaft

Zubereitung
FÜR CA. 8 STÜCK

1 Den Backofen auf 180 °C vorheizen. Ein Backblech mit Backpapier auslegen. Für den Rührteig die Butter mit dem Zucker in einer Schüssel mit den Quirlen des Handrührgeräts verrühren, bis sich der Zucker aufgelöst hat. Nacheinander die Eier dazugeben und die Masse schaumig schlagen. Die Zitronenschale unterrühren.

2 Das Mehl mit der Speisestärke und dem Backpulver mischen, sieben und abwechselnd mit der Sahne unter die Eiermasse rühren.

3 Von dem Teig mit einem Esslöffel Portionen abnehmen und mit großem Abstand als Häufchen auf das Blech setzen. Die Oberfläche etwas glatt streichen und die Amerikaner im Backofen auf der mittleren Schiene etwa 15 Minuten hell backen. Herausnehmen und auf dem Kuchengitter vollständig abkühlen lassen.

4 Für die Glasur den Puderzucker mit dem Zitronensaft zu einem dicklichen Guss verrühren. Die glatte Unterseite der Amerikaner damit bestreichen und die Glasur trocknen lassen.

Marzipanplätzchen
und Erdnussrauten

Schneeflöckchen, Weißröckchen: Für Naschkatzen hat mit diesen
glitzernden Weihnachtsplätzchen die Bescherung schon begonnen

Zutaten

Für die Marzipanplätzchen:

200 g gehackte Mandeln

250 g dunkle Kuvertüre

200 g Marzipanrohmasse

(in kleinen Würfeln)

2 Eiweiß · 150 g Puderzucker

3 EL Kakaopulver

½ TL Zimtpulver

ca. 40 Amarenakirschen

Für die Erdnussrauten:

100 g Butter

100 g kernige Haferflocken

Fett für die Form · 1 Ei

100 g brauner Rohrzucker

1 Päckchen Vanillezucker

Salz · ½ TL Zimtpulver

1 EL Erdnussbutter

40 g Mehl

75 g gehackte Erdnüsse

ca. 3 EL Ahornsirup

125 g geschmolzene

weiße Kuvertüre

Zucker zum Bestreuen

Zubereitung

FÜR CA. 40 BZW. 30 STÜCK

1 Für die Marzipanplätzchen den Backofen auf 170 °C vorheizen. Ein Backblech mit Backpapier auslegen. Die Mandeln in einer beschichteten Pfanne ohne Fett anrösten. Die Kuvertüre fein hacken. Das Marzipan mit den Eiweißen verkneten, nach und nach Mandeln, Puderzucker, Kakao, Zimt und 100 g Kuvertüre hinzufügen und alles zu einem glatten Teig verkneten.

2 Von der Masse mit einem Teelöffel Portionen abnehmen und mit angefeuchteten Händen zu Kugeln à 3 cm Durchmesser formen. In jede Kugel eine Vertiefung drücken, je 1 Kirsche hineinsetzen, den Teig darüber zusammennehmen und wieder zu einer Kugel formen. Mit etwa 3 cm Abstand auf das Blech setzen und im Ofen auf der mittleren Schiene 12 bis 15 Minuten backen. Herausnehmen und vollständig abkühlen lassen.

3 Die restliche Kuvertüre im heißen Wasserbad unter Rühren schmelzen lassen. Die Oberseite der Plätzchen in die Kuvertüre tauchen und auf Backpapier trocknen lassen. Nach Belieben mit Zuckerguss feine Eiskristalle auf die Plätzchen spritzen und mit feinstem Zucker bestreuen.

4 Für die Erdnussrauten die Butter in einer Pfanne zerlassen und die Haferflocken darin bei mittlerer Hitze etwa 3 Minuten anrösten. Vom Herd nehmen und abkühlen lassen. Den Backofen auf 200 °C vorheizen. Eine eckige Form (18 x 18 cm) einfetten.

5 Das Ei mit Rohrzucker, Vanillezucker, 1 Prise Salz und Zimt schaumig schlagen. Erdnussbutter, Mehl, geröstete Haferflocken und Erdnüsse nacheinander unterrühren. Den Teig in die Form füllen, glatt streichen und im Backofen auf der mittleren Schiene etwa 12 Minuten goldbraun backen. Herausnehmen und etwas abkühlen lassen.

6 Den Kuchen mit Ahornsirup bestreichen, erst in 3 cm breite Streifen, dann diagonal in Rauten schneiden. Die Oberseite der Rauten in die Kuvertüre tauchen und mit Zucker bestreuen.

Orangenplätzchen
mit Mandeln und Nougat

Diese Plätzchen haben es in sich: Unter einem schokoummantelten Teig
wartet eine beschwipste Orangenfüllung auf ihre Entdeckung

Zutaten

2–3 EL Orangeat

1 TL abgeriebene
unbehandelte Orangenschale

175 g weiche Butter

100 g Puderzucker · 1 Ei

Salz · 300 g Mehl

100 g geschälte gemahlene
Mandeln

Mehl für die Arbeitsfläche

100 g Nougatschokolade

1 EL Öl

100 g Orangenmarmelade

2 cl Orangenlikör
(z. B. Grand Marnier)

Zubereitung

FÜR CA. 50 STÜCK

1 Das Orangeat fein hacken und mit der Orangenschale mischen. Die Butter mit dem Puderzucker, dem Ei und 1 Prise Salz in einer Schüssel mit den Quirlen des Handrührgeräts cremig rühren. Das Mehl über die Buttermasse sieben, die Orangenmischung und die Mandeln hinzufügen und alles zu einem glatten Teig verkneten. Den Teig zu einer Kugel formen, in Frischhaltefolie wickeln und etwa 30 Minuten kühl stellen.

2 Den Backofen auf 180 °C vorheizen. Ein Backblech mit Backpapier auslegen. Den Teig auf der leicht bemehlten Arbeitsfläche etwa 4 mm dick ausrollen. Ovale Plätzchen oder Teigschiffchen von 3 bis 4 cm Durchmesser ausstechen oder -schneiden. Die Plätzchen mit etwas Abstand auf das Blech setzen und im Backofen auf der mittleren Schiene 15 bis 18 Minuten goldbraun backen. Herausnehmen und auf dem Kuchengitter etwas abkühlen lassen.

3 Die Schokolade hacken und mit dem Öl in einer Metallschüssel im heißen Wasserbad unter Rühren schmelzen lassen. Die Orangenmarmelade mit dem Likör verrühren. Die Plätzchen auf der Unterseite damit bestreichen und je 2 Plätzchen mit den bestrichenen Seiten zusammensetzen. Die Doppeldeckerplätzchen zur Hälfte schräg in die geschmolzene Schokolade tauchen. Nach Belieben mit in Zucker gewälztem Orangeat garnieren und auf dem Kuchengitter trocknen lassen. Die Orangenplätzchen kühl und trocken aufbewahren.

Tipp

Diese Plätzchen sind mit feinem Papier in einem schönen Karton verpackt ein willkommenes Gastgeschenk. Wer keine Orangenmarmelade zur Hand hat, kann auch Aprikosenkonfitüre verwenden.

Chocolate-Chip-Brownies
mit Walnüssen

Zutaten

Für den Mürbeteig:

250 g Mehl

125 g kalte Butter (in Stücken)

2 EL Zucker · 1 Ei · Salz

Für den Belag:

100 g Zartbitterschokolade

3 Eier · 150 g Butter

150 g Zucker · 1 EL Vanillezucker

100 g Walnüsse (gehackt)

100 g dunkle Schokotropfen

(Chocolate-Chips)

150 g Mehl · 75 g Speisestärke

1 TL Backpulver

Außerdem:

Mehl für die Arbeitsfläche

Zubereitung

FÜR 1 BACKBLECH

1 Für den Mürbeteig alle Zutaten und 1 Prise Salz mit kühlen Händen rasch zu einem Teig verkneten. Zu einer Kugel formen, in Frischhaltefolie wickeln und etwa 30 Minuten kühl stellen.

2 Den Backofen auf 200 °C vorheizen. Ein Backblech mit Backpapier auslegen. Teig auf der bemehlten Arbeitsfläche ausrollen und das Blech damit auskleiden. Mehrmals mit einer Gabel einstechen und im Backofen auf der mittleren Schiene etwa 10 Minuten backen. Herausnehmen, den Ofen nicht ausschalten.

3 Für den Belag die Schokolade grob hacken und in einer Metallschüssel im heißen Wasserbad unter Rühren schmelzen lassen. Eier trennen. Die Eiweiße zu einem steifen Schnee schlagen. Butter mit Zucker und Vanillezucker schaumig schlagen. Eigelbe und geschmolzene Schokolade unterrühren, Nüsse und Schokotropfen unterheben. Mehl, Speisestärke und Backpulver vermischen und nach und nach mit dem Eischnee unter die Schokoladencreme heben.

4 Die Masse auf dem vorgebackenen Teig verstreichen und im heißen Ofen 30 Minuten backen. Noch warm in rechteckige Stücke schneiden.

Biscotti
mit Haselnüssen

Zutaten

200 g Haselnüsse

400 g Mehl

Salz

50 g Kakaopulver

½ Päckchen Backpulver

250 g Zucker

1 TL Vanillezucker

4 Eier

2 TL abgeriebene unbehandelte
Zitronenschale

Zubereitung
FÜR CA. 60 STÜCK

1 Die Haselnüsse in einer beschichteten Pfanne ohne Fett unter Rühren anrösten, dann grob hacken und beiseitestellen.

2 Den Backofen auf 180 °C vorheizen. Das Mehl mit 1 Prise Salz, Kakao- und Backpulver, Zucker und Vanillezucker mischen und auf die Arbeitsfläche häufen. Eine Mulde in die Mitte drücken und die Eier hineingeben. Alle Zutaten zu einem glatten Teig verkneten, falls nötig, noch etwas Mehl dazugeben. Zum Schluss die Nüsse und die Zitronenschale unterkneten.

3 Aus dem Teig 3 Teigrollen à etwa 3 cm Durchmesser formen. Die Teigrollen auf ein mit Backpapier ausgelegtes Backblech legen und im Backofen auf der mittleren Schiene etwa 20 Minuten backen.

4 Das Backblech aus dem Backofen nehmen, den Ofen nicht ausschalten. Die Nussstangen sofort mit einem scharfen Messer in etwa 1 cm breite, schräge Scheiben schneiden. Die Scheiben wieder auf das Blech legen und auf beiden Seiten jeweils 4 bis 5 Minuten fertig backen, dann vollständig abkühlen lassen. Die Biscotti kühl und trocken aufbewahren.

Mandelräder
mit kandierten Zitronen

Jetzt geht's richtig rund: Wenn gezuckerte Zitronenscheiben auf Mandel-plätzchen gebettet werden, kommt bei Süßmäulern helle Freude auf

Zutaten

150 g weiche Butter · 1 Ei

2 EL abgeriebene
unbehandelte Zitronenschale

200 g gemahlene Mandeln

100 g Puderzucker

200 g Mehl

1 EL Zitronensaft

Mehl für die Arbeitsfläche

1 Eigelb

3–4 unbehandelte Zitronen

Zucker zum Bestreuen

Zubereitung

FÜR CA. 50 STÜCK

1 Die Butter mit dem Ei und der Zitronenschale in einer Schüssel mit den Quirlen des Handrührgeräts cremig rühren. Die Mandeln, den Puderzucker, das Mehl und den Zitronensaft unterrühren. Den Teig auf der bemehlten Arbeitsfläche zu 2 Rollen à etwa 5 cm Durchmesser formen. Die Teigrollen in Frischhaltefolie wickeln und 3 Stunden kühl stellen.

2 Den Backofen auf 180 °C vorheizen. Ein Backblech mit Backpapier auslegen. Die Teigrollen aus dem Kühlschrank nehmen, in 4 mm dicke Scheiben schneiden und mit etwas Abstand auf das Blech setzen. Das Eigelb in einer kleinen Schüssel verquirlen und die Plätzchen damit bestreichen.

3 Die Zitronen heiß waschen und trocken reiben. In ebenso viele hauchdünne Scheiben hobeln, wie Plätzchen vorhanden sind. Die Plätzchen mit den Zitronenscheiben belegen und mit etwas Zucker bestreuen. Die Mandelräder im Backofen auf der mittleren Schiene 12 bis 15 Minuten goldbraun backen. Abkühlen lassen, nach Belieben mit Puderzucker bestäuben und kühl und trocken aufbewahren.

Tipp

Besonders fein wird das Gebäck, wenn Sie geschälte gemahlene Mandeln verwenden. Mandeln gehören übrigens zum Steinobst und enthalten viele Mineralstoffe wie Eisen, Kalzium und Magnesium.

Pekannussplätzchen
mit Schokolade

Zutaten

100 g weiche Butter

50 g Zucker

100 g brauner Zucker

2 TL Vanillezucker

1 Ei

100 g Mehl

1 TL Backpulver

75 g gemahlene Haselnüsse

150 g Pekannüsse

200 g dunkle Kuvertüre

Zubereitung
FÜR CA. 20 STÜCK

1 Den Backofen auf 180 °C vorheizen. Ein Backblech mit Backpapier auslegen. Die Butter mit beiden Zuckersorten und dem Vanillezucker in einer Schüssel mit den Quirlen des Handrührgeräts verrühren, bis sich der Zucker aufgelöst hat. Das Ei unterrühren.

2 Das Mehl in eine zweite Schüssel sieben, mit dem Backpulver und den Haselnüssen mischen und die Mehlmischung vorsichtig unter die Buttermasse rühren. Zuletzt die Pekannüsse grob hacken und unterheben.

3 Von dem Teig mit einem Teelöffel Portionen abnehmen, mit etwa 5 cm Abstand als Häufchen auf das Blech setzen und etwas flach streichen. Die Plätzchen im Backofen auf der mittleren Schiene 10 bis 12 Minuten backen. Herausnehmen und auf dem Blech 5 Minuten ruhen lassen. Dann auf dem Kuchengitter abkühlen lassen.

4 Die Kuvertüre hacken und im heißen Wasserbad unter Rühren schmelzen. Die Plätzchen zu einem Drittel eintauchen und die Glasur auf dem Kuchengitter trocknen lassen. Die Pekannussplätzchen kühl und trocken aufbewahren.

Walnussplätzchen
mit Kakao und Vanille

Zutaten

100 g weiche Butter

50 g Zucker

100 g brauner Zucker

1 Ei

1 TL gemahlene Vanille

(aus dem Reformhaus)

175 g Mehl

1 TL Backpulver

1 EL Kakaopulver

75 g Walnüsse

Zubereitung

FÜR CA. 20 STÜCK

1 Den Backofen auf 180 °C vorheizen. Ein Back-blech mit Backpapier auslegen. Die Butter mit beiden Zuckersorten in einer Schüssel mit den Quirlen des Handrührgeräts verrühren, bis sich der Zucker aufgelöst hat. Das Ei unterrühren, dann die Vanille hinzufügen.

2 Das Mehl in eine zweite Schüssel sieben, mit Backpulver und Kakao mischen und die Mehl-mischung vorsichtig unter die Buttermasse rühren. Die Walnüsse grob hacken und eben-falls unterheben.

3 Von dem Teig mit einem Teelöffel kleine Portio-nen abnehmen und mit etwa 5 cm Abstand als Häufchen auf das Blech setzen. Im Backofen auf der mittleren Schiene 10 bis 12 Minuten goldbraun backen. Herausnehmen und auf dem Blech 5 Minuten ruhen lassen, dann auf dem Kuchengitter abkühlen lassen. Die Walnuss-plätzchen kühl und trocken aufbewahren.

Kleine Naschereien

Biskuittürmchen
mit Sahne und Apfelgelee

Süße Hochstapelei: Es wird Ihnen bestimmt niemand übel nehmen,
wenn Sie bei diesem raffinierten Dessert etwas zu dick auftragen

Zutaten

1 grünschaliger Apfel

160 g Zucker

150 g Sahne

2 cl Calvados

(franz. Apfelbranntwein)

16 dünne Biskuitplätzchen

(Fertigprodukt;

ca. 6 cm Durchmesser)

4 TL Apfelgelee

Zubereitung
FÜR 4 PERSONEN

1 Den Apfel waschen, trocken reiben und längs in möglichst dünne Scheiben schneiden oder hobeln. In einem kleinen Topf 150 g Zucker mit 100 ml Wasser sirupartig einkochen lassen. Die Apfelscheiben in den Zuckersirup geben und einige Minuten darin ziehen lassen.

2 Den Backofen auf 120 °C vorheizen. Ein Backblech mit Backpapier auslegen und die abgetropften Apfelscheiben darauflegen. Im Backofen auf der mittleren Schiene 1 bis 1 1/2 Stunden trocknen lassen. Die Apfelscheiben herausnehmen und etwas abkühlen lassen.

3 Die Sahne mit dem Calvados und dem restlichen Zucker steif schlagen. Auf die Hälfte der Plätzchen etwas Calvadossahne geben. 4 Plätzchen mit dem Gelee bestreichen und ebenfalls etwas Sahne darauf verteilen. Die Plätzchen zu Türmchen schichten: Dafür jeweils ein mit Gelee bestrichenes Plätzchen auf ein Sahneplätzchen setzen, ein Sahneplätzchen daraufgeben und die Türmchen mit den restlichen Plätzchen abdecken. Die übrige Calvadossahne auf den Türmchen verteilen.

4 Die Biskuittürmchen mit den getrockneten süßen Apfelscheiben und nach Belieben mit Minze garnieren, die restlichen Apfelscheiben dazu servieren.

Tipp

Wer die Biskuittürmchen besonders dekorativ anrichten möchte, kann die Plätzchen nach Belieben mit zarten Mustern aus geschmolzener Zartbitterschokolade oder dunkler Kuvertüre verzieren.

Biskuitschnitten
mit Avocado und Melone

Der Aufwand lohnt sich: Mit diesen originellen süßen Biskuitschnitten
ernten Sie von Ihren Gästen bestimmt jede Menge Komplimente

Zutaten

Für den Biskuitteig:

6 Eier

180 g Zucker

1 Päckchen Vanillezucker

120 g Mehl

80 g Speisestärke

Für die Füllung:

125 g Speisequark

1 EL Zucker

1 Päckchen Vanillezucker

Saft von 1/2 Zitrone

und 1 Orange

150 g Sahne

1 reife Avocado

300 g Wassermelone

(Fruchtfleisch ohne Kerne)

Außerdem:

Fett für die Form

Puderzucker zum Bestäuben

Zitronenmelisseblätter

Schokoladenstäbchen

Zubereitung

1 Den Backofen auf 175 °C vorheizen. Den Boden einer Spring-form (26 cm Durchmesser) einfetten. Für den Biskuitteig die Eier trennen. Die Eiweiße zu einem steifen Schnee schlagen, dabei nach und nach die Hälfte des Zuckers einrieseln lassen. Die Eigelbe mit dem restlichen Zucker und dem Vanillezucker in einer Schüssel mit den Quirlen des Handrührgeräts schau-mig rühren. Das Mehl mit der Stärke auf die Eiermasse sieben und unterheben. Den Eischnee ebenfalls unterheben.

2 Den Biskuitteig in die Springform füllen, glatt streichen und im Backofen auf der mittleren Schiene 25 bis 30 Minuten backen. Den Biskuitboden herausnehmen und etwas abkühlen lassen. Aus der Form lösen, auf das Kuchengitter stürzen und mindes-tens 2 Stunden, am besten über Nacht, ruhen lassen. Dann den Biskuitboden zweimal waagerecht durchschneiden.

3 Für die Füllung den Quark mit dem Zucker, dem Vanillezucker, 1 EL Zitronen- und 2 EL Orangensaft glatt rühren. Die Sahne steif schlagen und unterheben. Die Avocado schälen, halbieren und den Kern entfernen. Das Fruchtfleisch in dünne Scheiben schneiden und sofort mit dem restlichen Zitronensaft beträu-feln. Das Melonenfruchtfleisch in dünne, dreieckige Scheiben schneiden.

4 Jede Biskuitschicht in 2 Streifen à 6 x 16 cm schneiden (rest-lichen Biskuit anderweitig verwenden). Die Streifen halbieren und diagonal zu Dreiecken schneiden. Die Biskuitecken – bis auf 8 Stück – mit etwas Orangensaft beträufeln. Auf die un-beträufelten Teigecken etwas Quarkcreme streichen, Avocado darauf verteilen und mit beträufelten Teigecken abdecken. Darauf wieder Quarkcreme streichen und mit Melone belegen. Die restlichen Ecken mit der beträufelten Seite nach unten daraufsetzen. Mit Puderzucker bestäuben und mit Zitronen-melisse und Schokostäbchen garnieren.

Haselnusswaffeln
und Kakaowaffeln

Da geht's heiß her: Zwischen zwei glühenden Eisen
bräunt cremiger Teig zu knusprigen Waffeln für Groß und Klein

Zutaten

Für die Haselnusswaffeln:

125 g Butter · 100 g Mehl

2 TL Backpulver

1 TL Zimtpulver

je 80 g gemahlene Haselnüsse und Puderzucker

Salz · 3 Eier · 200 ml Milch

Fett für das Waffeleisen

Für die Kakaowaffeln:

125 g Butter · 150 g Mehl

½ Päckchen Backpulver

3 EL Kakaopulver

80 g Puderzucker

1 Päckchen Vanillezucker

Salz · 3 Eier · 200 ml Milch

Fett für das Waffeleisen

Zubereitung
FÜR JE CA. 8 STÜCK

1 Für die Haselnusswaffeln die Butter in einem Topf zerlassen. Das Mehl mit dem Backpulver und dem Zimt in eine Schüssel sieben. Die zerlassene Butter mit den Haselnüssen, dem Puderzucker, 1 Prise Salz, den Eiern und der Milch zur Mehlmischung geben und alles zu einem glatten Teig verrühren.

2 Das Waffeleisen vorheizen und vorsichtig mit einem Pinsel einfetten. Einen Schöpflöffel Teig daraufgeben, das Eisen schließen und den Teig zu einer goldbraunen Waffel backen. Aus dem restlichen Teig nach und nach etwa 8 Waffeln backen. Die Haselnusswaffeln nach Belieben mit Puderzucker bestäubt noch warm servieren.

3 Für die Kakaowaffeln die Butter in einem Topf zerlassen. Das Mehl mit dem Backpulver und dem Kakao in eine Schüssel sieben. Die zerlassene Butter mit dem Puderzucker, dem Vanillezucker, 1 Prise Salz, den Eiern und der Milch zur Mehlmischung geben und alles zu einem glatten Teig verrühren.

4 Das Waffeleisen vorheizen und vorsichtig mit einem Pinsel einfetten. Einen Schöpflöffel Teig daraufgeben, das Eisen schließen und den Teig zu einer goldbraunen Waffel backen. Aus dem restlichen Teig nach und nach etwa 8 Waffeln backen. Die Kakaowaffeln nach Belieben mit Puderzucker bestäubt noch warm servieren.

Tipp

Zu den Waffeln schmeckt halb steif geschlagene süße Sahne, Eis oder ein Fruchtkompott. Wer mag, kann etwas Zartbitterschokolade schmelzen und die Waffeln damit in feinen Linien gitterförmig überziehen.

Schweineöhrchen
mit rosa Kuvertüre

Zutaten

300 g Tiefkühl-Blätterteig
(aufgetaut)

3 EL flüssige Butter

Mehl für die Arbeitsfläche

80 g Zucker

1 Päckchen Vanillezucker

150 g weiße Kuvertüre (gehackt)

rote Lebensmittelfarbe

Zubereitung
FÜR CA. 40 STÜCK

1 Die Blätterteigplatten, bis auf eine, mit flüssiger Butter bestreichen und aufeinanderlegen, mit der Platte ohne Butter abschließen. Blätterteig auf der leicht bemehlten Arbeitsfläche zu einem Quadrat von 30 x 30 cm ausrollen und mit etwas flüssiger Butter bestreichen.

2 Den Zucker mit dem Vanillezucker mischen. Den Teig mit der Hälfte des Zuckers bestreuen und die zwei gegenüberliegenden Seiten fest bis zur Mitte hin aufrollen. Teigrolle in Frischhaltefolie wickeln und 30 Minuten kühl stellen.

3 Den Backofen auf 200 °C vorheizen. Vom Teig etwa 1/2 cm dicke Scheiben abschneiden und jeweils mit einer Seite in den restlichen Zucker drücken. Mit der gezuckerten Seite nach oben auf ein mit Backpapier ausgelegtes Backblech legen. Im Ofen 15 bis 20 Minuten backen. Herausnehmen und abkühlen lassen.

4 Die Kuvertüre im heißen Wasserbad unter Rühren schmelzen lassen. 3 bis 4 Tropfen Lebensmittelfarbe hinzufügen und so lange rühren, bis die Kuvertüre rosa ist. Die Schweineöhrchen mit den Spitzen in die Kuvertüre tauchen und auf Backpapier trocknen lassen.

Marzipanherzen
mit Pistazien und Schokolade

Zutaten

Puderzucker für die Arbeitsfläche und zum Ausrollen

400 g Marzipanrohmasse

600 g dunkle Kuvertüre

100 g Pistazien

Zubereitung
FÜR CA. 40 STÜCK

1 Die Arbeitsfläche mit Puderzucker bestäuben
und die Marzipanrohmasse darauf mit dem
Nudelholz etwa 1 cm dick ausrollen. Dabei
das Nudelholz zwischendurch auch mit Puderzucker bestäuben.

2 Aus dem Marzipan mit einem Ausstecher Herzen ausstechen. Die restliche Marzipanmasse
erneut verkneten, ausrollen und Herzen ausstechen. So weiterverfahren, bis das Marzipan
verbraucht ist.

3 Die Kuvertüre grob hacken und in einer Metallschüssel im heißen Wasserbad unter Rühren
schmelzen lassen. Marzipanherzen mit einer
Pralinengabel in die Kuvertüre tauchen und auf
dem Kuchengitter oder einem Bogen Backpapier etwas trocknen lassen.

4 Die Pistazien fein hacken, auf den noch wei-
chen Überzug streuen und die Kuvertüre vollständig trocknen lassen. Die Marzipanherzen
kühl und trocken aufbewahren.

Puffreis-Törtchen
mit Limettencreme

Feines aus dem Kühlschrank: Um Ihren Gästen etwas Besonderes zu bieten, müssen Sie noch nicht einmal den Ofen anheizen

Zutaten

2 Blatt weiße Gelatine

150 g Naturjoghurt

1 EL abgeriebene unbehandelte Limettenschale

2 EL Limettensaft

5 EL Puderzucker

12 Schoko-Puffreis-Quadrate (Fertigprodukt)

8 Physalis (Kapstachelbeeren)

8 Kumquats

1 Sharonfrucht

Zubereitung
FÜR 12 STÜCK

1 Die Gelatine in kaltem Wasser einweichen. Den Joghurt mit Limettenschale und -saft sowie 3 EL Puderzucker verrühren. Gelatine tropfnass in einem kleinen Topf unter Rühren erhitzen und auflösen. Von der Limettencreme 2 EL abnehmen und mit der Gelatine verrühren. Die Gelatinemasse unter die restliche Limettencreme rühren. Die Creme etwa 30 Minuten in den Kühlschrank stellen, bis sie zu gelieren beginnt.

2 Jeweils etwas Limettencreme auf die Puffreis-Quadrate geben, glatt streichen und nochmals 30 Minuten kühl stellen. Die Physalishüllen vorsichtig öffnen, nach oben drehen und an der Frucht belassen. Die Kumquats heiß waschen und quer in Scheiben schneiden. Die Sharonfrucht waschen und in dünne Spalten schneiden.

3 Die Puffreis-Törtchen jeweils mit den verschiedenen Früchten belegen und mit dem restlichen Puderzucker bestäuben.

Tipp

Kumquats sind Miniaturausgaben von Orangen, die mit der Schale verzehrt werden. Die Sharon ist eine Kaki-Art mit geleeartigem Fruchtfleisch, die auch als feste Frucht schon angenehm süß schmeckt.

Windbeutel
mit Aprikosencreme

*Gut gefüllt ist halb gewonnen: Eine sahnige Creme mit süßen Aprikosen
kommt hier unter eine Haube aus luftig-lockerem Brandteig*

Zutaten

Für die Creme:

½ Vanilleschote

⅛ l Milch

3 Blatt weiße Gelatine

2 Eigelb

50 g Zucker

5 Aprikosen

1 EL Zitronensaft

150 g Sahne

Für den Brandteig:

½ TL Salz

100 g Butter · 150 g Mehl

4 Eier

½ Päckchen Vanillezucker

Außerdem:

Puderzucker zum Bestäuben

Zubereitung
FÜR CA. 16 STÜCK

1 Für die Creme die Vanilleschote der Länge nach aufschneiden und das Mark herauskratzen. Die Milch mit der Vanilleschote und dem -mark in einem Topf aufkochen, vom Herd nehmen und die Schote entfernen. Die Gelatine in kaltem Wasser einweichen. Die Eigelbe und den Zucker in einer Schüssel mit den Quirlen des Handrührgeräts schaumig schlagen. Die Eiercreme zur Vanillemilch geben und unter Rühren erhitzen. Die Gelatine gut ausdrücken und in der heißen Creme auflösen.

2 Die Aprikosen waschen, halbieren und entsteinen. 2 Aprikosen beiseitelegen, die restlichen Früchte mit dem Stabmixer fein pürieren und durch ein Sieb streichen. Das Aprikosenpüree mit dem Zitronensaft unter die Vanillecreme rühren und die Creme kühl stellen, bis sie zu gelieren beginnt. Die Sahne steif schlagen und unter die Aprikosencreme heben. Im Kühlschrank fest werden lassen.

3 Den Backofen auf 200 °C vorheizen. Ein Backblech mit Backpapier auslegen. Für den Brandteig ¼ l Wasser mit dem Salz in einem Topf aufkochen. Die Butter hinzufügen und im heißen Wasser schmelzen. Das Mehl auf einmal dazugeben und mit einem Kochlöffel rühren, bis sich ein Kloß bildet, der sich vom Topfboden löst. Den Brandteigkloß in einer Schüssel nach und nach mit den Eiern und dem Vanillezucker verrühren. Den Teig etwas abkühlen lassen. In einen Spritzbeutel mit großer Sterntülle füllen und rosettenartig auf das Backblech spritzen. Die Windbeutel im Backofen auf der mittleren Schiene 20 Minuten goldbraun backen.

4 Die Windbeutel herausnehmen, sofort nach dem Backen waagerecht aufschneiden und abkühlen lassen. Die Aprikosencreme auf den unteren Hälften verteilen, die restlichen Aprikosen in dünne Spalten schneiden und auf die Creme geben. Die Deckel daraufsetzen und leicht andrücken. Die Windbeutel mit Puderzucker bestäuben und sofort servieren.

Schokocrossies
mit Kokos und Pistazien

Zutaten

200 g dunkle Kuvertüre

200 g Vollmilchkuvertüre

400 g Kokosspäne
(getrocknet)

3 EL Pistazien

Zubereitung
FÜR CA. 24 STÜCK

1 Beide Kuvertüren grob hacken und getrennt in zwei Metallschüsseln im heißen Wasserbad unter Rühren schmelzen lassen.

2 Eine Hälfte der Kokosspäne unter die geschmolzene dunkle Kuvertüre rühren und die andere Hälfte unter die Vollmilchkuvertüre.

3 Mit zwei Esslöffeln Portionen abstechen, als kleine Häufchen auf einen Bogen Backpapier setzen und etwas fest werden lassen.

4 Die Pistazien im Blitzhacker fein zermahlen und die Schokocrossies damit bestreuen. Kühl stellen und vollständig fest werden lassen. Die Schokocrossies kühl und trocken aufbewahren.

Schokotörtchen
mit Vanille-Pistazien-Creme

Zutaten

Für den Mürbeteig:

200 g Mehl · 100 g Butter

70 g Puderzucker · 1 Msp. Salz

1 Eigelb · 1 EL Milch

Fett für die Formen

150 g geschmolzene dunkle

Kuvertüre

Für die Creme:

250 g Sahne · 1 Vanilleschote

4 Eigelb · 100 g Zucker

250 g weiche Butter

150 g gemahlene Pistazien

100 g geschmolzene dunkle

Kuvertüre

Zubereitung
FÜR CA. 20 STÜCK

1 Alle Zutaten zu einem Mürbeteig verkneten und mindestens 1 Stunde kühl stellen. Backofen auf 200 °C vorheizen. Den Teig 3 bis 4 mm dick ausrollen, eingefettete Förmchen damit auskleiden und im Ofen 10 bis 15 Minuten vorbacken. Aus den Förmchen lösen und abkühlen lassen. Die Teigschälchen innen mit der flüssigen Kuvertüre auspinseln und fest werden lassen.

2 Für die Creme die Sahne aufkochen, die aufgeschlitzte Vanilleschote hinzufügen, einige Minuten darin ziehen lassen und wieder entfernen.

3 Eigelbe mit dem Zucker verrühren. Die heiße Vanillesahne unter kräftigem Rühren langsam dazugießen. Die Vanillecreme zurück in den Topf gießen und bei schwacher Hitze erwärmen, dabei ständig mit dem Teigschaber rühren. Die dickliche Creme durch ein Sieb streichen und lauwarm abkühlen lassen.

4 Butter in einer Schüssel 15 Minuten schaumig schlagen. Nach und nach die Vanillecreme und die Pistazien untermischen. Die flüssige Kuvertüre nur kurz unterrühren. Die Creme mithilfe eines Spritzbeutels in die Teigschälchen spritzen und gut abkühlen lassen.

Marzipantörtchen

mit Kaffeelikörsahne

Der etwas andere Nachtisch: Für Süßmäuler ist dieses
gefüllte Törtchen aus Marzipanteig garantiert allererste Sahne

Zutaten

1 Vanilleschote

200 g Marzipanrohmasse

120 g Zucker · 1 Ei

1/8 l Milch

70 g Mehl

3 EL Kakaopulver

Fett und Mehl für

das Backblech

300 g Sahne

4 EL Kahlúa (mex. Kaffeelikör)

Schokoladenspäne

zum Garnieren

Zimt- oder Kakaopulver

zum Bestäuben

Zubereitung

FÜR 1 TÖRTCHEN

1 Die Vanilleschote der Länge nach aufschneiden und das Mark herauskratzen. Das Marzipan in Würfel schneiden und in einer Schüssel mit dem Zucker, dem Vanillemark, dem Ei und der Milch verrühren.

2 Das Mehl und das Kakaopulver mischen, über die Marzipanmasse sieben und unterheben, den Teig durch ein Sieb streichen und 1 Stunde kühl stellen.

3 Den Backofen auf 190 °C vorheizen. Ein Backblech einfetten und mit Mehl bestäuben. Aus Pappe eine Schablone herstellen: Aus einem Bogen Pappe einen Kreis mit Innendurchmesser 8 cm ausschneiden und einem Rand von 4 bis 5 cm stehen lassen. Die Schablone auf das Backblech legen, etwas Teig in die Mitte der Schablone geben und mit einer Palette gleichmäßig und dünn auf das Blech streichen.

4 Die Schablone abnehmen und mit dem restlichen Teig weitere Teigkreise herstellen, bis das Blech voll ist. Im Backofen auf der mittleren Schiene 6 bis 7 Minuten backen. Herausnehmen, die Teigkreise sofort vom Blech lösen und abkühlen lassen. Auf diese Weise den gesamten Teig verbrauchen.

5 Die Sahne mit dem Kaffeelikör steif schlagen. Einen Teigkreis mit etwas Sahne bestreichen und mit einem weiteren Kreis bedecken. So weiterverfahren, bis alle Teigkreise aufgebraucht sind, dabei mit Sahne abschließen. Das Marzipantörtchen mit Schokoladenspänen bestreuen und mit Zimt- oder Kakaopulver bestäuben.

Schoko-Nuss-Gebäck
mit Espresso und Baiser

Klein, aber unwiderstehlich: Von diesen raffinierten Pralinen
mit Knusperhaube können Ihre Gäste sicher nicht die Finger lassen

Zutaten

80 g Mokkaschokolade

3 TL Instant-Espressopulver

200 g weiche Butter

120 g brauner Zucker

2 Eier

200 g Mehl

50 g gemahlene Haselnüsse

1 TL Backpulver

Kardamompulver

2 Eiweiß

120 g Zucker

Kakaopulver zum Bestäuben

Zubereitung
FÜR CA. 60 STÜCK

1   Den Backofen auf 175 °C vorheizen. Ein Backblech mit Backpapier auslegen. Die Schokolade hacken. Das Espressopulver in einer Tasse mit 2 EL kochendem Wasser übergießen und unter Rühren auflösen.

2   In einer Schüssel die Butter mit dem braunen Zucker schaumig rühren, bis dieser sich aufgelöst hat. Nach und nach die Eier und den Espresso unterrühren.

3   Das Mehl in eine zweite Schüssel sieben, die Haselnüsse, das Back- und 1 Prise Kardamompulver untermischen. Die Mehlmischung vorsichtig unter die Buttermasse rühren und die gehackte Schokolade unterheben.

4   Den Teig in einen Spritzbeutel mit Lochtülle füllen und in kleine Pralinenförmchen spritzen. Die Eiweiße steif schlagen, dabei nach und nach den Zucker einrieseln lassen. Je 1 kleinen Klecks Eischnee auf den Teig in den Förmchen geben.

5   Die Förmchen auf das Blech setzen und im Backofen auf der mittleren Schiene etwa 15 Minuten backen. Das Schoko-Nuss-Gebäck aus dem Ofen nehmen und auf dem Kuchengitter abkühlen lassen. Zum Servieren durch ein feines Sieb mit Kakaopulver bestäuben.

Tipp

Originell sieht es aus, wenn Sie an den Pralinenförmchen kleine Spiralfedern (z. B. aus ausgedienten Kugelschreibern) als Henkel befestigen und die Förmchen so in Tassen verwandeln.

Mandelsplitter

mit kandiertem Ingwer

Weihnachtszauber: Fein geröstete Mandeln gehen mit aromatischem Ingwer und dunkler Schokolade eine himmlische Verbindung ein

Zutaten

100 g Mandelstifte

150 g dunkle Kuvertüre

2 EL kandierter Ingwer

Zubereitung

FÜR CA. 20 STÜCK

1 Die Mandelstifte in einer beschichteten Pfanne ohne Fett anrösten. Die Kuvertüre grob hacken und in einer Metallschüssel im heißen Wasserbad unter Rühren schmelzen lassen.

2 Den Ingwer fein hacken und mit den Mandelstiften unter die geschmolzene Kuvertüre rühren.

3 Von der Mandel-Schoko-Masse mit zwei Teelöffeln kleine Portionen abstechen und in Papier- oder Aluförmchen setzen. Die Löffel dabei zwischendurch in heißes Wasser tauchen. Die Mandelsplitter im Kühlschrank fest werden lassen. Kühl und trocken aufbewahren.

Tipp

Weihnachtsdeko: Die Mandelsplitter mit gezuckerten Sternchen aus kandiertem Ingwer oder mit Zucker bestreuen. Natürlich kann man auch etwas gehacktes Orangeat unter die Schokoladenmasse rühren.

Marzipandatteln
mit Pistazien und Schokolade

Zutaten

Für die Datteln:

20 g Pistazien

80 g Marzipanrohmasse

2 cl Maraschinolikör
(ital. Kirschlikör)

20 getrocknete Datteln
(ohne Stein)

100 g dunkle Kuvertüre

Für die Deko:

10 Pistazien

Zubereitung
FÜR 20 STÜCK

1 Die Pistazien im Blitzhacker fein mahlen. Das Marzipan in kleine Würfel schneiden und mit den gemahlenen Pistazien und dem Likör gut verkneten. Die Datteln mit der Marzipanmasse füllen und leicht zusammendrücken.

2 Die dunkle Kuvertüre hacken und in einer Metallschüssel im heißen Wasserbad unter Rühren schmelzen lassen. Pistazien halbieren. Die Datteln mit einer Pralinengabel oder einem langen Holzspieß in die flüssige Kuvertüre tauchen und auf ein Kuchengitter setzen.

3 Mit je 1 Pistazienhälfte belegen und die Kuvertüre etwa 2 Stunden trocknen lassen.

4 Oder nach Belieben die Marzipanmasse in einen Spritzbeutel mit kleiner Sterntülle füllen. 50 g gehackte weiße Kuvertüre in einer Metallschüssel im heißen Wasserbad schmelzen. Kuvertüre in einen Gefrierbeutel füllen und am unteren Ende eine kleine Ecke abschneiden. Die Datteln mit der Marzipanmasse aus dem Spritzbeutel füllen und mit 1 Streifen weißer Kuvertüre verzieren. Je 1 kandiertes Veilchen daraufsetzen und mit feinstem Zucker bestreuen. Die Datteln kühl aufbewahren.

Schokoladenkonfekt
mit Cantucci und Amaretto

Zutaten

200 g Cantucci
(ital. Mandelgebäck)

2 EL Amaretto
(ital. Mandellikör)

200 g Pistazien

250 g dunkle Kuvertüre

2 EL Sahne

Zubereitung
FÜR CA. 40 STÜCK

1 Am Vortag die Cantucci in grobe Stücke hacken. In einer Schüssel mit dem Amaretto beträufeln und zugedeckt 1 Stunde ziehen lassen.

2 Pistazien in einer beschichteten Pfanne ohne Fett anrösten. Die Kuvertüre grob hacken und in einer Metallschüssel im heißen Wasserbad unter Rühren schmelzen lassen. Die Sahne, die Cantuccistücke und die Pistazien unterrühren.

3 Eine rechteckige Form mit Backpapier auslegen, die Schokoladen-Pistazien-Masse darin verteilen und glatt streichen. Das Konfekt über Nacht fest werden lassen.

4 Das Schokoladenkonfekt mit einem scharfen Messer in kleine Würfel schneiden und kühl und trocken aufbewahren.

179

Schokopralinen
mit Sahne und Eierlikör

Eine runde Sache: Schon beim ersten Biss in diese Pralinen weiß man,
dass sich der Aufwand bei der Zubereitung gelohnt hat

Zutaten

Für den Likör:

100 g Zucker

35 g Glukosesirup

(aus der Konditorei)

5 Eigelb · 1 cl Cognac

2 1/2 cl 96%iger Alkohol

(aus der Apotheke)

Mark von 1/2 Vanilleschote

Für die Füllung:

250 g Vollmilchschokolade

20 g Glukosesirup

250 g Sahne

Außerdem:

ca. 60 Vollmilch-

Pralinenhohlkugeln

(aus der Konditorei)

600 g Vollmilchkuvertüre

Zubereitung
FÜR CA. 60 STÜCK

1 Am Vortag für den Likör den Zucker mit 100 ml Wasser in einem Topf sirupartig einkochen lassen, zwischendurch den Schaum mit einem Teesieb abnehmen. Die Glukose hinzufügen und den Zuckersirup abkühlen lassen.

2 Die Eigelbe in einer Schüssel schaumig schlagen. Den Cognac und den Alkohol, dann nach und nach den Zuckersirup dazugeben. Das Vanillemark unterrühren. Den Eierlikör in einen Spritzbeutel mit feiner Lochtülle füllen und die Pralinenhohlkugeln etwa zu einem Drittel damit füllen.

3 Für die Füllung die Schokolade fein hacken. Mit der Glukose in eine Schüssel geben. Die Sahne aufkochen lassen, etwas heiße Sahne nach und nach in die Mitte der Schokolade gießen. Jeweils kurz warten, dann von der Mitte aus kreisförmig rühren, damit sich alles gut verbindet. So weiterverfahren, bis eine matt glänzende Creme entstanden ist.

4 Die Creme mithilfe eines Spritzbeutels mit feiner Lochtülle in die Pralinenhohlkugeln füllen, die Pralinen über Nacht stehen lassen. Am nächsten Tag die Vollmilchkuvertüre grob hacken. Etwas Kuvertüre in einer Metallschüssel im heißen Wasserbad unter Rühren schmelzen lassen. Mithilfe eines Spritzbeutels mit feiner Lochtülle die Pralinenkörper mit der Kuvertüre verschließen und fest werden lassen.

5 Die restliche Kuvertüre in einer Schüssel im heißen Wasserbad unter Rühren schmelzen lassen, dabei nicht zu heiß werden lassen. Die Pralinen mit einer Pralinengabel in die Kuvertüre tauchen und auf einem Kuchengitter etwas fest werden lassen. Dann die Pralinen mit der Gabel auf dem Gitter von links nach rechts und von oben nach unten rollen, sodass die Musterung entsteht. Auf Backpapier setzen und fest werden lassen. Die Schokopralinen kühl und trocken aufbewahren.

Zweierlei Konfekt
mit Mokkabohnen

Hier haben Sie es schwarz auf weiß: Zum Kaffee, Espresso oder Cappuccino gehört etwas feines Süßes einfach dazu

Zutaten

Für das helle Konfekt:

12 Blatt weiße Gelatine

500 g Sahne

70 ml Milch

70 g Zucker

1 Päckchen Vanillezucker

Für das dunkle Konfekt:

30 g Amaretti

(ital. Mandelkekse)

3 Eier · 2 Eiweiß

60 g Zucker

ca. 450 ml Milch

1 EL Instant-Kaffeepulver

1 EL Kakaopulver

2 EL brauner Rum

Fett für die Form

Außerdem:

geschlagene Sahne

zum Garnieren

ca. 40 Mokka-Schokobohnen

Zubereitung

FÜR 8 PERSONEN

1 Für das helle Konfekt die Gelatine in kaltem Wasser einweichen. Sahne und Milch mit Zucker und Vanillezucker in einem Topf langsam erhitzen, aber nicht kochen lassen, und etwa 10 Minuten mit dem Schneebesen schlagen. Die Gelatine gut ausdrücken und unter Rühren in der heißen Sahne auflösen. In eine flache, rechteckige Form gießen und 12 Stunden im Kühlschrank fest werden lassen.

2 Für das dunkle Konfekt den Backofen auf 180 °C vorheizen. Die Amaretti in einen Gefrierbeutel geben und mit dem Nudelholz sehr fein zerkrümeln. Die Eier und die Eiweiße mit dem Zucker kräftig verrühren, aber nicht schaumig schlagen. Die Milch lauwarm erhitzen.

3 Amaretti, Kaffeepulver, Kakao und Rum mit etwas lauwarmer Milch unter die Eiercreme rühren, dann nach und nach die restliche Milch unterrühren. Eine zweite rechteckige Form einfetten und die Mischung hineingießen. Die Masse sollte die gleiche Höhe haben wie die helle Konfektmasse, falls nötig, etwas Milch dazugeben.

4 Die Form mit Alufolie abdecken und in ein tiefes Backblech stellen. Das Backblech bis etwa fingerbreit unter den Rand mit kochendem Wasser füllen und die Masse im Backofen etwa 30 Minuten stocken lassen. Herausnehmen, etwas abkühlen und im Kühlschrank auskühlen lassen.

5 Zum Anrichten beide Konfektsorten in Quadrate von gleicher Größe schneiden. Die Quadrate schachbrettartig auf eine Platte setzen. Die dunklen Konfektstücke mit je 1 Tupfen Sahne, die hellen mit je 1 Mokka-Schokobohne garnieren.

Mozartkugeln
mit Rosenwasser

Zutaten

200 g dunkle Kuvertüre

250 g Nougat

15–20 g Pistazien

250 g Marzipanrohmasse

150 g Puderzucker

1 TL Rosenwasser

(aus der Apotheke)

Puderzucker für die Arbeitsfläche

Zubereitung
FÜR 30–40 STÜCK

1 Die Kuvertüre grob hacken und in einer Metallschüssel im heißen Wasserbad unter Rühren schmelzen lassen. Die Kuvertüre abkühlen und wieder fest werden lassen.

2 Den Nougat in etwa 1 cm große Würfel schneiden, mit gut gekühlten Händen zu Kugeln formen und kühl stellen. Die Pistazien im Blitzhacker fein zerkleinern. Die Marzipanrohmasse in kleine Stücke schneiden. Den Puderzucker über das Marzipan sieben und mit den Pistazien und dem Rosenwasser verkneten.

3 Den Marzipanteig auf der mit Puderzucker bestäubten Arbeitsfläche ausrollen und so viele Kreise von etwa 4 cm Durchmesser ausstechen, wie Nougatkugeln vorhanden sind. Auf jeden Kreis eine Nougatkugel setzen, mit dem Marzipan umhüllen und zu Kugeln formen.

4 Die Kuvertüre erneut erwärmen. Die Marzipankugeln mithilfe einer Pralinengabel in die Kuvertüre tauchen und auf dem Kuchengitter fest werden lassen. Kühl und trocken aufbewahren.

Herzkirschen
im Schokomantel

Zutaten

500 g Herzkirschen (mit Stiel)

ca. ¼ l Cognac

600 g weiße Kuvertüre

100 g Kokosraspel

Zubereitung
FÜR 4 PERSONEN

1 Die Kirschen verlesen, waschen und trocken tupfen, die Stiele nicht entfernen. Die Früchte in eine Schüssel geben und mit dem Cognac übergießen. Zugedeckt 14 Tage in den Kühlschrank stellen. Die Kirschen sollten während dieser Zeit stets mit Cognac bedeckt sein, falls nötig, noch etwas Cognac nachgießen.

2 Die Kirschen aus dem Kühlschrank nehmen, abtropfen lassen und trocken tupfen. Die Kuvertüre grob hacken und in einer Schüssel im heißen Wasserbad unter Rühren schmelzen lassen.

3 Die marinierten Kirschen am Stiel fassen und in die geschmolzene Kuvertüre tauchen. Auf dem Kuchengitter oder einem Bogen Backpapier etwas fest werden lassen.

4 Die Kokosraspel auf einen Teller geben, die Kirschen im Schokomantel darin wälzen und trocknen lassen. Die Kirschen kühl und trocken aufbewahren.

Kokostrüffeln
mit kandierten Orangen

*Ein Hauch von Luxus: Vermutlich werden Ihre Gäste fragen,
in welcher Confiserie Sie diese traumhaften Pralinen gefunden haben*

Zutaten

Für die Füllung:

280 g weiße Schokolade

1 EL Akazienhonig

400 ml Kokosmilch

2 cl Kokoslikör

(z.B. Batida de Coco)

frisch geriebene Muskatnuss

ca. 60 weiße Pralinen-
hohlkugeln

(aus der Konditorei)

Für den Überzug:

350 g weiße Kuvertüre

Orangeat und
Kokosraspel

Zubereitung

FÜR CA. 60 STÜCK

1 Am Vortag für die Füllung die Schokolade fein hacken und mit dem Honig in eine Schüssel geben. Die Kokosmilch aufkochen lassen, etwas heiße Milch nach und nach in die Mitte der Schokolade gießen. Jeweils kurz warten, dann von der Mitte aus kreisförmig rühren, damit sich alles gut verbindet. Den Likör und 1 Prise Muskatnuss dazugeben. Die Creme mit dem Stabmixer gut verrühren (siehe Tipp).

2 Die Kokoscreme in einen Spritzbeutel mit feiner Lochtülle füllen und die Pralinenhohlkugeln damit füllen, die Pralinen über Nacht stehen lassen.

3 Für den Überzug die Kuvertüre grob hacken. Etwas Kuvertüre in einer Schüssel im heißen Wasserbad unter Rühren schmelzen lassen. Mithilfe eines Spritzbeutels mit feiner Lochtülle die Pralinenkörper jeweils mit ein wenig Kuvertüre verschließen und fest werden lassen.

4 Das Orangeat fein hacken und mit den Kokosraspeln auf ein Backblech geben. Die restliche Kuvertüre in einer Metall-schüssel im heißen Wasserbad unter Rühren schmelzen, dabei nicht zu heiß werden lassen. Etwas geschmolzene Kuvertüre auf die Handfläche geben und die Pralinen nacheinander zwischen den Händen rollen, sodass sich die Kuvertüre dünn um die Pralinen verteilt. Die Trüffeln auf das Blech setzen und in den Orangeat-Kokos-Raspeln wälzen. Die Kokostrüffeln kühl und trocken aufbewahren.

Tipp

Achten Sie beim Mixen der Füllung darauf, dass der Stabmixer schräg gehalten wird. Auf diese Weise bildet sich keine Luftglocke unter dem Gerät, und es gelangt weniger bläschenbildende Luft in die Creme.

Himbeerpralinen
mit Joghurtschokolade

*Naschen erlaubt: Wenn Schokolade und süße Früchtchen zu einer
Einheit verschmelzen, sind paradiesische Gaumenfreuden garantiert*

Zutaten

himbeerrote Lebensmittelfarbe

etwas zerlassene Kakaobutter

200 g gehackte weiße
Kuvertüre

250 g Zartbitterschokolade

50 g Vollmilchschokolade

30 g Glukosesirup
(aus der Konditorei)

100 g Sahne

150 g pürierte Himbeeren

50 ml Johannisbeersaft

1 ½ cl Himbeergeist

100 g Joghurtschokolade

Zubereitung
FÜR CA. 70 STÜCK

1 Am Vortag die Lebensmittelfarbe mit der Kakaobutter verrühren und auf 40 °C erwärmen. Eine Pralinenform mit Vertiefungen in Himbeerform damit auspinseln und die Kakaobutter fest werden lassen.

2 Die Kuvertüre in einer Metallschüssel im heißen Wasserbad schmelzen und leicht abkühlen lassen. Die Pralinenhohlkörper mit der flüssigen Kuvertüre ausgießen. Die Form vorsichtig umdrehen, damit die überschüssige Kuvertüre ablaufen kann, die Kuvertüre für später aufheben. Die Pralinenform wieder flach stellen und die Kuvertüre etwas fest werden lassen. Die Oberseite der Form mit dem Messer abkratzen, sodass nur die Wände der Hohlräume mit Kuvertüre überzogen sind.

3 Beide Schokoladensorten hacken, mit der Glukose in eine Schüssel geben. Sahne, Himbeerpüree und Johannisbeersaft in einem Topf aufkochen. Etwas Fruchtsahne in die Mitte der Schokolade gießen. Kurz warten, dann von der Mitte aus kreisförmig rühren. Wieder etwas Sahne dazugeben und von der Mitte aus rühren. So weiterverfahren, bis eine matt glänzende Creme entstanden ist. Auf 30 °C abkühlen lassen.

4 Den Himbeergeist hinzufügen und die Masse mit dem Stabmixer gut verrühren. Mithilfe eines Spritzbeutels mit dünner Lochtülle etwas Creme in die Hohlräume der Pralinenform spritzen. Jeweils 1 Stückchen Joghurtschokolade hineinsetzen und mit der restlichen Creme auffüllen. Über Nacht fest werden lassen.

5 Die restliche weiße Kuvertüre erneut im heißen Wasserbad schmelzen lassen, die Himbeerpralinen damit verschließen und glatt streichen. Die Form 6 Minuten ins Tiefkühlfach stellen. Die Himbeerpralinen aus der Form stürzen, kühl und trocken aufbewahren.

Trüffelpralinen
mit Rum und Vanille

Zutaten

1 Vanilleschote

150 g Sahne

60 g Zucker

200 g dunkle Kuvertüre

200 g Vollmilchkuvertüre

250 g weiche Butter

5 EL brauner Rum

Kakaopulver zum Bestäuben

Zubereitung
FÜR CA. 65 STÜCK

1 Die Vanilleschote der Länge nach aufschneiden und das Mark herauskratzen. Sahne, Zucker und Vanillemark in einem Topf aufkochen lassen. Beide Kuvertüren fein hacken und in der heißen Sahne unter Rühren schmelzen lassen. Die Schokoladenmasse abkühlen lassen.

2 Die Butter in einer Schüssel schaumig schlagen und den Rum unterrühren. Nach und nach die Schokoladenmasse unter die Butter rühren, bis eine glatte Masse entstanden ist.

3 Von der Trüffelmasse mit einem Teelöffel kleine Portionen abstechen. Die gut gekühlten Hände mit Kakao bestäuben und aus den Portionen Kugeln rollen. Auf Backpapier setzen und zugedeckt im Kühlschrank fest werden lassen.

4 Die Pralinen herausnehmen, in Kakaopulver wälzen und nochmals kühl stellen. Die Trüffelpralinen kühl und trocken aufbewahren.

Mokkatrüffeln
mit Kaffeelikör

Zutaten

300 g dunkle Kuvertüre

150 g Sahne

1 EL Instant-Kaffepulver

5 cl Kahlúa (mex. Kaffeelikör)

500 g dunkle Kuvertüre
für den Überzug

Zubereitung
FÜR 30-40 STÜCK

1 Die Kuvertüre fein hacken. Die Sahne mit dem Kaffeepulver aufkochen und die Kuvertüre unter Rühren darin auflösen. Den Kaffeelikör dazugeben und die Masse kühl stellen.

2 Die Mokkamasse mit dem Schneebesen kurz durchrühren. Die Masse in einen Spritzbeutel mit Lochtülle füllen und kleine Kugeln auf Backpapier spritzen. Etwas fest werden lassen und falls nötig nochmals mit kühlen Händen rund drehen. Etwa 1 Stunde kühl stellen.

3 Für den Überzug die Kuvertüre grob hacken und in einer Metallschüssel im heißen Wasserbad unter Rühren schmelzen lassen. Die Kuvertüre darf nicht zu heiß werden. Die Trüffeln mithilfe einer Pralinengabel kurz in die Kuvertüre tauchen und auf ein Gitter setzen.

4 Den Überzug etwas fest werden lassen und die Pralinen auf dem Gitter hin und her rollen, sodass Spitzen entstehen. Den Überzug ganz fest werden lassen. Die Trüffeln sind im Gemüsefach des Kühlschranks (dort ist es kühl, aber nicht zu kalt) bis zu 10 Tage haltbar.

Cremes &
Mousses

Weiße Kaffeecreme
mit Rotweinfeigen

Für süße Träume: Lauwarme Rotweinfeigen sind auf einem flauschigen Kissen aus sahniger Kaffeecreme weich gebettet

Zutaten

Für die Creme:

15 Kaffeebohnen

500 g Sahne

100 ml Milch

80 g Zucker

7 Eigelb

Für die Feigen:

6 Feigen

$\frac{1}{2}$ l trockener Rotwein

200 ml roter Portwein

120 g Zucker

Mark von 1 Vanilleschote

Außerdem:

150 g feinster Zucker

Öl für das Blech

Zubereitung
FÜR 6 PERSONEN

1 Für die Creme die Kaffeebohnen in einer beschichteten Pfanne leicht anrösten. In einen Gefrierbeutel füllen und mit dem Plattiereisen fein zerstoßen. Die Kaffeebrösel mit Sahne, Milch und Zucker in einem Topf aufkochen. Kaffeesahne abkühlen und zugedeckt im Kühlschrank 1 Stunde ziehen lassen.

2 Den Backofen auf 95 °C (Umluft) vorheizen. Die Kaffeesahne durch ein Sieb gießen und mit den Eigelben verrühren. Die Creme auf sechs ofenfeste Gläser verteilen und im Backofen auf der mittleren Schiene etwa 55 Minuten stocken lassen. Herausnehmen und abkühlen lassen.

3 Für die Feigen die Früchte waschen, trocken tupfen, an der Spitze kreuzförmig einschneiden und in ein Einmachglas geben. Rotwein, Portwein, Zucker und Vanillemark in einem Topf aufkochen und auf ein Viertel (etwa 200 ml) einkochen lassen. Den Rotweinsirup zu den Feigen geben und das Glas gut verschließen. In einem Topf Wasser zum Kochen bringen. Das Weckglas auf ein Sieb stellen und die Feigen darin mit aufgelegtem Topfdeckel 20 Minuten garen.

4 Den feinsten Zucker in einem Topf hell karamellisieren und auf ein geöltes Backblech mit einem Holzlöffel dünne Fäden sprenkeln. Die Karamellfäden erstarren lassen. Auf die Kaffeecreme im Glas jeweils 1 Feige mit etwas Rotweinsirup geben und mit den Karamellfäden garnieren.

Tipp

Für die Feigen benötigen Sie ein Einmachglas von $\frac{1}{2}$ l Inhalt. Wer keine Feigen mag, ersetzt sie einfach durch Zwetschgen. Die Zwetschgen waschen, entsteinen und wie beschrieben weiterverarbeiten.

Weiße Schokocreme
mit Waldmeistersauce

*Schokolade auf Abwegen: Für dieses leichte Sommerdessert
hat weiße Schokolade eine verblüffende Partnerwahl getroffen*

Zutaten

Für die Creme:

150 g weiße Schokolade

150 g Crème fraîche

1 EL Puderzucker

200 g Sahne

Für die Sauce:

1 Päckchen Vanille-
saucenpulver

400 ml heller Traubensaft

1 EL Zucker

3 EL Waldmeistersirup

Außerdem:

6 EL Vollmilch-
schokoladenspäne

Zubereitung

FÜR 6 PERSONEN

1 Für die Creme die Schokolade fein hacken. Die Crème fraîche und den Puderzucker in einem Topf verrühren und bei schwacher Hitze erwärmen. Die Schokolade hinzufügen und unter Rühren schmelzen lassen.

2 Die Schokoladencreme in eine Schüssel füllen, etwas abkühlen lassen und zugedeckt etwa 1 Stunde kühl stellen.

3 Für die Sauce das Vanillesaucenpulver in einer kleinen Schüssel mit 3 EL Saft anrühren. Den restlichen Saft mit dem Zucker und 2 EL Waldmeistersirup in einem Topf zum Kochen bringen. Das angerührte Saucenpulver dazugeben und unter Rühren erhitzen, bis die Sauce beginnt, dickflüssig zu werden. Den restlichen Waldmeistersirup unterrühren und die Sauce abkühlen lassen.

4 Die Sahne steif schlagen und nach und nach unter die weiße Schokoladencreme rühren. Glatt streichen und die Creme nochmals etwa 30 Minuten kühl stellen. Zum Servieren mit einem Esslöffel Nocken abstechen, mit der Waldmeistersauce anrichten und mit den Schokoladenspänen garnieren.

Tipp

Zu diesem Schokodessert passt auch eine leichte Sauce aus frischen Himbeeren oder Heidelbeeren: 200 g Früchte und 2 bis 3 EL Zucker mit dem Stabmixer pürieren und etwas Zitronensaft hinzufügen.

Kaffee-Kokos-Creme
mit Himbeeren

Erfrischend anders: Süße Früchte und eine exotische Creme
mit Kaffeelikör haben das Zeug zum absoluten Lieblingsdessert

Zutaten

150 g Vollmilchschokolade

2 Blatt weiße Gelatine

100 ml Kokosmilch

4 EL Instant-Kaffeepulver

2 Eier

2 cl Kahlúa (mex. Kaffeelikör)

Salz · 2 EL Zucker

400 g Sahne

250 g Himbeeren

1 Banane

Kokosmilch, Kokosraspel und

Kokoschips zum Garnieren

Zubereitung
FÜR 4 PERSONEN

1 Die Schokolade hacken und in einer Metallschüssel im heißen Wasserbad unter Rühren schmelzen lassen. Die Gelatine in kaltem Wasser einweichen. Die Kokosmilch mit dem Kaffeepulver verrühren.

2 Dann 1 Ei trennen. Das Eigelb und das restliche Ei mit der Kaffee-Kokos-Mischung im heißen Wasserbad schaumig aufschlagen. Die Gelatine ausdrücken und in der heißen Creme auflösen. Die Schokolade und den Kaffeelikör unterrühren. Die Schokoladencreme kühl stellen.

3 Das Eiweiß mit 1 Prise Salz zu einem steifen Schnee schlagen, dabei den Zucker einrieseln lassen. Die Sahne steif schlagen und beides nacheinander vorsichtig unter die Creme heben.

4 Die Himbeeren verlesen, kurz abbrausen und trocken tupfen. Die Banane schälen und in Scheiben schneiden. Für die Deko der 4 Dessertgläser die Ränder der Gläser zuerst in etwas Kokosmilch tauchen und dann in den Kokosraspeln drehen.

5 Die Hälfte der Creme in Gläser füllen, darüber die Früchte verteilen (einige schöne Himbeeren beiseitelegen) und die restliche Creme daraufgeben. Mindestens 4 Stunden kühl stellen. Zum Servieren mit den restlichen Himbeeren belegen und mit Kokoschips garnieren.

Kaffee-Eis
mit Grapefruit

Zutaten

6 frische Eigelb

200 g Zucker

⅛ l heißer, starker Kaffee

500 g Sahne

2 cl Cognac

1 rosa Grapefruit

Zubereitung
FÜR 6–8 PERSONEN

1 Die Eigelbe mit dem Zucker cremig rühren, den Kaffee und etwa 150 g Sahne dazugeben und in einer Metallschüssel im heißen Wasserbad schaumig aufschlagen. Den Cognac hinzufügen und die Masse im kalten Wasserbad so lange rühren, bis sie abgekühlt ist.

2 Die restliche Sahne steif schlagen und unter die abgekühlte Creme ziehen. Eine Kastenform mit Frischhaltefolie auskleiden und die Creme darin verteilen.

3 Die Creme im Tiefkühlfach mindestens 3 Stunden gefrieren lassen. Die Grapefruit so großzügig schälen, dass auch die weiße Haut mit entfernt wird. Mit einem scharfen Messer die Fruchtfilets aus den Trennhäuten schneiden.

4 Zum Servieren das Kaffee-Eis etwas antauen lassen, in Gläser füllen und mit den Grapefruitfilets garnieren.

Geeiste Kaffeecreme
mit Sahneschaum und Kakao

Zutaten

Für den Schaum:

100 g Sahne

2 EL Kaffeebohnen

1 EL Zucker

Für die Creme:

1 1/2 Blatt weiße Gelatine

4 frische Eigelb

90 g Zucker

80 ml heißer, starker Kaffee

1 EL Instant-Kaffeepulver

3 EL brauner Rum

200 g Sahne

Außerdem:

Kakaopulver zum Bestäuben

Zubereitung

FÜR 6 PERSONEN

1   Am Vortag für den Schaum Sahne, Kaffeebohnen und Zucker vermischen und zugedeckt im Kühlschrank 24 Stunden ziehen lassen.

2   Für die Creme die Gelatine in kaltem Wasser einweichen. Die Eigelbe mit der Hälfte des Zuckers cremig rühren. Kaffee, Kaffeepulver und restlichen Zucker aufkochen lassen. Unter die Eigelbmasse rühren und schaumig schlagen. Rum erwärmen, Gelatine ausdrücken und darin auflösen. Unter die Creme rühren und so lange rühren, bis die Kaffeecreme abgekühlt ist.

3   Die Sahne steif schlagen und nach und nach unter die Creme heben. Sechs Kaffeetassen oder Förmchen mit der Creme nicht ganz bis zum Rand füllen. Die Creme im Tiefkühlfach einige Stunden gefrieren lassen.

4   Für den Schaum die Kaffeesahne durch ein Sieb gießen und die Sahne schaumig schlagen. Kurz vor dem Servieren auf die geeiste Creme verteilen. Durch ein feines Sieb mit etwas Kakaopulver bestäuben und nach Belieben mit in Zucker gewendeten Früchten garnieren.

Tartufo
mit Amarettini

Hoch die Tassen: Wenn sich selbst gemachtes Vanilleeis unter einem Schokomantel verbirgt, gerät man Löffel für Löffel ins Schwärmen

Zutaten

1 Vanilleschote

250 g Sahne

½ l Milch

7 Eigelb

200 g Zucker

12 Amarettini
(ital. Mandelkekse)

2 EL Amaretto
(ital. Mandellikör)

150 g Vollmilchkuvertüre

100 g dunkle Kuvertüre

30 g Krokant (Fertigprodukt)

Zubereitung
FÜR 6 PERSONEN

1 Die Vanilleschote der Länge nach aufschneiden und das Mark herauskratzen. Die Schote, das Mark, die Sahne und die Milch in einem Topf aufkochen. Die Eigelbe mit dem Zucker in einer Schüssel cremig rühren. Die Vanillemilch nach und nach unter die Eiercreme rühren und alles zurück in den Topf gießen. Die Vanilleschote wieder entfernen. Bei schwacher Hitze mit dem Holzspatel rühren, bis die Creme beginnt, dickflüssig zu werden, dabei nicht aufkochen lassen!

2 Die Vanillecreme durch ein Sieb in eine flache Metallschüssel streichen und auf Eiswasser abkühlen lassen, dabei gelegentlich umrühren. Die kalte Creme im Tiefkühlfach gefrieren lassen, dabei in der ersten Stunde immer wieder durchrühren. Alternativ kann man das Vanilleeis auch in der Eismaschine fertigstellen.

3 Die Amarettini mit dem Amaretto beträufeln. Mit dem Eisportionierer aus dem Vanilleeis 12 Kugeln formen, in die Eiskugeln je 1 Amarettino drücken und die Vertiefungen mit Eis zustreichen. Die Eiskugeln auf ein mit Frischhaltefolie ausgelegtes, vorgekühltes Tablett setzen und etwa 2 Stunden im Tiefkühlfach gefrieren lassen.

4 Beide Kuvertüren grob hacken und in einer Metallschüssel im heißen Wasserbad unter Rühren schmelzen lassen. Die Vanilleeiskugeln aus dem Tiefkühlfach nehmen, jeweils 1 Kugel mit dem Schaumlöffel über die Schüssel mit der geschmolzenen Kuvertüre halten. Mit einem Löffel rasch flüssige Schokolade über die Kugel gießen. Das Tartufo mit Krokant bestreuen, auf das Tablett setzen und nochmals etwa 5 Stunden gefrieren lassen. Je 2 Eiskugeln in Tassen servieren.

Stracciatella-Eis
mit Vanillegrissini

Besser als in jeder Gelateria: Italienische Eiscreme mit
zarten Schokostückchen – so genießt man das »Dolce Vita«!

Zutaten

Für das Eis:

1 Vanilleschote

200 ml Milch

200 g Sahne

100 g weiße Kuvertüre

4 Eigelb

70 g Zucker

100 g Zartbitter-
schokoladenraspel

Für die Grissini:

1/2 Würfel Hefe (21 g)

4 Päckchen Vanillezucker

2 Vanilleschoten

180 g Mehl · Salz

Außerdem:

Mehl für die Arbeitsfläche

Zubereitung
FÜR 4 PERSONEN

1 Für das Eis die Vanilleschote der Länge nach aufschneiden. Mit der Milch und der Sahne in einem Topf aufkochen und 2 Minuten ziehen lassen. Die Vanilleschote wieder entfernen. Die Kuvertüre grob hacken und in einer Metallschüssel im heißen Wasserbad unter Rühren schmelzen lassen.

2 Die Eigelbe und den Zucker in einer Schüssel schaumig schlagen und mit der Kuvertüre unter die Vanillemilch rühren. Bei schwacher Hitze mit dem Holzspatel rühren, bis die Creme beginnt, dickflüssig zu werden, dabei nicht aufkochen lassen!

3 Die Vanillecreme durch ein Sieb in eine flache Metallschüssel streichen und auf Eiswasser abkühlen lassen, dabei gelegentlich umrühren. Die Schokoladenraspel unter die kalte Creme rühren und im Tiefkühlfach etwa 3 Stunden gefrieren lassen, dabei etwa alle 30 Minuten durchrühren. Alternativ kann man das Stracciatella-Eis auch in der Eismaschine fertigstellen.

4 Für die Grissini die Hefe in eine Schüssel bröckeln und mit 1 Päckchen Vanillezucker in 1/8 l lauwarmem Wasser unter Rühren auflösen. Die Vanilleschoten der Länge nach aufschneiden und das Mark herauskratzen. Das Mark mit der aufgelösten Hefe, dem Mehl und 1 Prise Salz zu einem glatten Teig verkneten. Den Teig zugedeckt an einem warmen Ort etwa 50 Minuten gehen lassen.

5 Den Backofen auf 180 °C vorheizen. Ein Backblech mit Backpapier auslegen. Den Teig auf der bemehlten Arbeitsfläche zu einem Rechteck von etwa 1/2 cm Dicke ausrollen und der Länge nach in Stangen schneiden. Die Grissini auf das Blech legen und im Backofen auf der mittleren Schiene etwa 18 Minuten goldbraun backen.

6 Den restlichen Vanillezucker auf einen Teller geben und die noch warmen Grissini darin wälzen. Die Vanillegrissini zum Stracciatella-Eis servieren.

Schoko-Nuss-Parfait
mit Schokoladensauce

Zutaten

Für das Parfait:

1 Vanilleschote

300 ml Milch · 4 Eigelb

150 g Zucker · 300 g Sahne

150 g gemahlene Haselnüsse

150 g dunkle Kuvertüre

4 cl brauner Rum

Für die Sauce:

125 g Sahne · 1 EL Honig

150 g dunkle Kuvertüre

Zubereitung
FÜR 6 PERSONEN

1 Am Vortag für das Parfait die Vanilleschote der Länge nach aufschneiden und das Mark herauskratzen. Die Milch mit der Schote und dem Mark in einem Topf aufkochen. Die Vanillemilch durch ein Sieb gießen und etwas abkühlen lassen.

2 Die Eigelbe mit dem Zucker in einer Schüssel im heißen Wasserbad schaumig schlagen. Die Vanillemilch nach und nach zur Eiermasse gießen.

3 Die Sahne steif schlagen. Die Haselnüsse in einer beschichteten Pfanne ohne Fett anrösten und zur Eiermilch geben. Die Kuvertüre fein hacken und mit dem Rum unterrühren. Die geschlagene Sahne unterheben. Die Parfaitmasse in Timbaleförmchen (à 200 ml Inhalt) füllen, glatt streichen und im Tiefkühlfach über Nacht gefrieren lassen.

4 Für die Sauce Sahne und Honig aufkochen. Die Kuvertüre grob hacken und in einer Metallschüssel im heißen Wasserbad unter Rühren schmelzen lassen. Die Sahne unterrühren und alles etwas abkühlen lassen. Zum Servieren die Förmchen kurz in heißes Wasser tauchen, die Parfaits stürzen und mit der Sauce anrichten.

Schokoladensoufflé
mit Cranberrysauce

Zutaten

Für das Soufflé:

Fett für die Förmchen

125 g dunkle Kuvertüre

$\frac{1}{2}$ TL abgeriebene unbehandelte
Orangenschale · 125 g Butter

2 Eier · 3 Eigelb · 60 g Zucker

Salz · 2 $\frac{1}{2}$ EL Mehl

Für die Sauce:

200 ml Rotwein · 2 Sternanis

1 Zimtstange · 5 EL Zucker

1 EL Speisestärke · 4 EL Orangensaft · 3 EL Cassislikör

150 g Cranberrys (frisch oder
tiefgekühlt) · 6 Kugeln weißes
Schokoladeneis

Zubereitung
FÜR 6 PERSONEN

1 Am Vortag die Souffléförmchen (à 100 ml Inhalt) einfetten und kühl stellen. Die Kuvertüre grob hacken und mit der Orangenschale und der Butter in einer Schüssel im heißen Wasserbad unter Rühren schmelzen lassen. Eier, Eigelbe, Zucker und 1 Prise Salz in einer Schüssel cremig rühren, dabei nach und nach die geschmolzene Schokolade unterrühren. Das Mehl darübersieben und unterheben. Die Förmchen bis etwa 1 cm unter den Rand mit der Masse füllen, glatt streichen und über Nacht kühl stellen.

2 Am nächsten Tag für die Sauce Wein, Sternanis, Zimt und Zucker aufkochen. Stärke, Saft und Likör glatt rühren, unter den Rotwein rühren und nochmals kurz aufkochen lassen. Die Cranberrys verlesen, waschen bzw. auftauen lassen und hinzufügen. Etwa 4 Minuten köcheln lassen, bis die Beeren leicht aufplatzen, und vom Herd nehmen. Den Backofen auf 180 °C vorheizen.

3 Ein tiefes Blech mit heißem Wasser füllen, die Förmchen in das Wasserbad stellen. Im Backofen auf der untersten Schiene 15 Minuten stocken lassen. Herausnehmen, vorsichtig stürzen, mit der Sauce und je 1 Kugel Eis servieren.

Kaffeesoufflé
mit Schokolade

Immer schön locker bleiben: Das zarte Gebäck wächst
über sich hinaus, wenn es beim Backen nicht gestört wird

Zutaten

1/8 l Milch

50 g Zartbitterschokolade

2 EL Butter

2 EL Mehl

2 cl Kahlúa (mex. Kaffeelikör)

1 TL Instant-Kaffeepulver

3 Eiweiß

2 Eigelb

Fett und Zucker
für die Förmchen

50 g Sahne

4 TL Aprikosenkonfitüre

Zubereitung
FÜR 4 PERSONEN

1 Den Backofen auf 200 °C vorheizen. Die Milch in einem Topf erhitzen. Die Schokolade fein hacken, in die Milch geben und darin schmelzen lassen.

2 Die Butter in einem zweiten Topf zerlassen, das Mehl unterrühren und mit der Schokoladenmilch ablöschen.

3 Den Kaffeelikör und das Kaffeepulver dazugeben. Die Masse unter Rühren einmal aufkochen lassen. Sofort 1 Eiweiß unterrühren und die Masse abkühlen lassen.

4 Nach und nach die Eigelbe unter die Masse rühren. Restliche Eiweiße zu einem steifen Schnee schlagen und vorsichtig unterheben.

5 Vier Souffléförmchen einfetten und mit Zucker ausstreuen. Die Masse bis knapp unter den Rand in die Förmchen füllen. Die Förmchen in eine Auflaufform oder auf ein tiefes Backblech stellen und so viel Wasser auffüllen, dass die Förmchen bis zur Hälfte darin stehen.

6 Die Kaffeesoufflés im Backofen auf der mittleren Schiene etwa 20 Minuten backen und den Ofen während der Backzeit nicht öffnen. Die Sahne halb steif schlagen. Die Soufflés herausnehmen, je 1 Klecks Sahne und 1 TL Konfitüre daraufgeben und sofort in den Förmchen servieren.

Schokoladensoufflé
mit Espresso

Ein Dessert, mit Suchtfaktor: Schon im alten Aztekenreich
schwor man auf die betörende Wirkung dunkler Schokolade

Zutaten

Fett und Zucker
für die Förmchen

40 g dunkle Kuvertüre

¼ l Milch

2 EL Kakaopulver

20 g Instant-Espressopulver

50 g weiche Butter

50 g Mehl

4 Eigelb · 5 Eiweiß

70 g Zucker

Puderzucker zum Bestäuben

Zubereitung
FÜR 8 PERSONEN

1 Acht Förmchen (à 150 ml Inhalt) einfetten und mit Zucker ausstreuen. Die Kuvertüre fein hacken und mit der Milch in einen Topf geben. Den Kakao durch ein feines Sieb darüberstäuben, das Espressopulver hinzufügen und alles unter Rühren aufkochen lassen.

2 Die Butter und das Mehl verkneten und portionsweise in die kochende Schokomilch rühren. So lange weiterrühren, bis eine glatte Masse entstanden ist. Etwas abkühlen lassen.

3 Die Eigelbe nach und nach mit dem Schneebesen unter die lauwarme Soufflémasse rühren und so lange weiterrühren, bis die Masse glatt und cremig ist. Den Backofen auf 200 °C vorheizen.

4 Die Eiweiße zu einem steifen Schnee schlagen, dabei nach und nach den Zucker einrieseln lassen. Etwa ein Drittel des Eischnees mit dem Schneebesen unter die Soufflémasse rühren. Den restlichen Eischnee vorsichtig unterheben. Die Förmchen bis etwa 1 cm unter den Rand mit der Soufflémasse füllen und glatt streichen.

5 Die Förmchen in ein tiefes Backblech stellen und so viel 80 °C heißes Wasser angießen, dass die Förmchen bis etwa 2 cm unter den Rand im Wasser stehen. Im Backofen auf der mittleren Schiene 40 Minuten garen. Den Ofen während der Backzeit nicht öffnen.

6 Die Soufflés herausnehmen, mit Puderzucker bestäuben und sofort, nach Belieben mit geschlagener Sahne, servieren.

Mousse au Chocolat
mit Cognac und Espresso

Ein Traum aus Schaum: Diese locker-schokoladige Mousse lässt
garantiert keiner aus, auch wenn eigentlich gar nichts mehr geht

Zutaten

300 g dunkle Kuvertüre

2 cl Cognac

30 ml heißer, starker Espresso

5 frische Eier

5 EL Zucker

125 g Sahne

3 EL Vanillezucker

Zubereitung
FÜR 8 PERSONEN

1 Die Kuvertüre grob hacken und in einer Metallschüssel im heißen Wasserbad unter Rühren schmelzen lassen. Den Cognac
und den Espresso unterrühren.

2 Die Eier trennen. Die Eiweiße zu einem steifen Schnee schlagen, dabei nach und nach den Zucker einrieseln lassen. Die
Sahne ebenfalls steif schlagen. Die Eigelbe mit dem Vanillezucker schaumig schlagen.

3 Die Eigelbmasse zur geschmolzenen Kuvertüre geben und mit
dem Schneebesen unterrühren. Die geschlagene Sahne unterrühren, bevor die Masse fest wird. Ein Drittel des Eischnees
ebenfalls unterrühren, den Rest vorsichtig unterheben.

4 Die Mousse au Chocolat auf 8 Portionsförmchen verteilen,
glatt streichen und vor dem Servieren zugedeckt mindestens
3 Stunden kühl stellen.

Tipp

Um unangenehme Überraschungen zu vermeiden,
müssen Eier, die roh verzehrt werden, immer
topfrisch sein. Man erkennt ein frisches Ei daran,
dass es in einem Glas mit Wasser zu Boden sinkt.

Schokotropfen
mit Aprikosensahne

Zutaten

150 g dunkle Kuvertüre

100 g Zartbitterschokoladen-
glasur

6 Folienstreifen (à 4,5 x 25 cm;
aus der Konditorei)

500 g Aprikosen

2 EL Ahornsirup

2 TL Agar-Agar

200 g Sahne

150 g Naturjoghurt

Zubereitung
FÜR 6 PERSONEN

1 Kuvertüre und Glasur grob hacken, in einer
Schüssel im heißen Wasserbad unter Rühren
schmelzen. Arbeitsfläche mit Backpapier auslegen, Folienstreifen mit etwas Abstand darauflegen und etwa 2 mm dick mit Schokolade
bestreichen, 10 Minuten antrocknen lassen.

2 Die Folienstreifen vorsichtig abheben und mit
der Schokoladenseite nach innen zu Tropfen
formen. Die Enden zusammendrücken und mit
Büroklammern befestigen. Die Schokotropfen
auf das Backpapier setzen und erstarren lassen.

3 Die Aprikosen über Kreuz einritzen, überbrühen,
kalt abschrecken, häuten, entsteinen und pürieren. Den Ahornsirup und das Agar-Agar mit
1 EL Aprikosenpüree verrühren und 2 Minuten
köcheln lassen. Unter das restliche Püree rühren und abkühlen lassen. Sahne steif schlagen
und mit dem Joghurt unter das Püree heben.

4 Die Schokotropfen auf Teller setzen und die
Folie entfernen. Die Aprikosensahne in einen
Spritzbeutel mit großer Lochtülle füllen, in
die Schokotropfen spritzen, glatt streichen und
kühl stellen. Nach Belieben mit Aprikosen und
Minzeblättern garnieren.

Geeiste Kardamomcreme
mit Sauerkirschen

Zutaten

100 ml Apfelsaft

ca. 75 g Zucker

5 grüne Kardamomkapseln

3 frische Eigelb

1 EL Crème fraîche

1 frisches Eiweiß

150 g Sauerkirschen
(entsteint; aus dem Glas)

Mark von ½ Vanilleschote

200 ml Milch

Kakaopulver zum Bestäuben

Zubereitung
FÜR 2–4 PERSONEN

1 Den Apfelsaft mit 60 g Zucker aufkochen. Die Kardamomkapseln andrücken und dazugeben. Vom Herd nehmen und zugedeckt 10 Minuten ziehen lassen. Den Apfelsaft durch ein feines Sieb gießen und kurz abkühlen lassen.

2 Den Kardamom-Apfelsaft mit den Eigelben im heißen Wasserbad schaumig schlagen. Die Crème fraîche unterrühren und die Creme im kalten Wasserbad kurz weiterschlagen. Das Eiweiß mit 1 TL Zucker steif schlagen und vorsichtig unter die Kardamommasse heben.

3 Die Masse auf gefrierfeste Tassen verteilen und mindestens 2 Stunden ins Tiefkühlfach stellen.

4 Die Kirschen auf einem Sieb abtropfen lassen, dabei den Saft auffangen. 3 EL Kirschsaft mit 1 TL Zucker und dem Vanillemark aufkochen, die Kirschen dazugeben und alles einkochen lassen, bis sich eine Glasur um die Kirschen bildet.

5 Die Milch mit 1 TL Zucker erwärmen und mit dem Stabmixer aufschäumen. Die warmen Kirschen auf die geeiste Kardamommasse geben, mit dem Milchschaum garnieren und mit etwas Kakaopulver bestäubt servieren.

Zweierlei Mousse
mit Knusperkaramell

Diese Mousse ist ein Muss: Bitterzarte und weiße Schokolade
ergänzen sich hier zu einer Köstlichkeit mit krosser Knusperhaube

Zutaten

Für die dunkle Mousse:

150 g Zartbitterschokolade

30 ml heißer, starker Espresso

3 frische Eier

2 EL Zucker

3 EL Vanillezucker

125 g Sahne

Für die helle Mousse:

150 g weiße Kuvertüre

5 Eiweiß

2 EL Zucker

3 EL Vanillezucker

125 g Sahne

Zum Karamellisieren:

ca. 160 g Rohrzucker

Zubereitung
FÜR 8 PERSONEN

1 Für die dunkle Mousse die Schokolade grob hacken. Mit dem Espresso in eine Metallschüssel geben und im heißen Wasserbad unter Rühren schmelzen lassen.

2 Die Eier trennen. Die Eiweiße zu einem steifen Schnee schlagen, dabei nach und nach den Zucker einrieseln lassen. Die Eigelbe mit dem Vanillezucker in einer Schüssel schaumig schlagen. Die Sahne ebenfalls steif schlagen.

3 Die Eigelbmasse zur geschmolzenen Schokolade geben und mit dem Schneebesen unterrühren. Die geschlagene Sahne unterrühren, bevor die Masse fest wird. Zuletzt den Eischnee vorsichtig unterheben und die Schokomousse kühl stellen.

4 Für die helle Mousse die Kuvertüre grob hacken und in einer Metallschüssel im heißen Wasserbad unter Rühren schmelzen lassen. Die Eiweiße zu einem steifen Schnee schlagen, dabei nach und nach den Zucker und den Vanillezucker einrieseln lassen. Die Sahne ebenfalls steif schlagen, zur geschmolzenen Kuvertüre geben und mit dem Schneebesen unterrühren. Zuletzt den Eischnee vorsichtig unterheben.

5 Die dunkle und die helle Mousse in ofenfeste Portionsförmchen oder Gläser schichten, glatt streichen und zugedeckt mindestens 3 Stunden kühl stellen.

6 Zum Karamellisieren den Backofengrill einschalten. Die Mousse mit je etwa 2 EL Rohrzucker bestreuen und unter dem heißen Grill goldbraun karamellisieren. Nach Belieben mit feinen Plätzchen oder Gebäck servieren.

Zabaione
mit Amarettini

Eine beschwipste Angelegenheit: Nach zartschmelzender Eiercreme
mit Marsala und Makronen sind nicht nur Italiener süchtig

Zutaten

Für die Amarettini:

2 Eiweiß · Salz

150 g Zucker

1/2 TL Bittermandelaroma

abgeriebene Schale von

1/2 unbehandelten Zitrone

200 g geschälte gemahlene
Mandeln

Für die Zabaione:

3 frische Eigelb

1 EL Puderzucker

Salz

60 ml Marsala

(ital. Dessertwein)

Zubereitung

FÜR 2 PERSONEN

1 Für die Amarettini die Eiweiße mit 1 Prise Salz in einer Schüssel zu einem steifen Schnee schlagen, dabei nach und nach den Zucker einrieseln lassen. So lange weiterschlagen, bis sich der Zucker aufgelöst hat. Den Backofen auf 150 °C vorheizen. Ein Backblech mit Backpapier auslegen.

2 Das Bittermandelaroma und die Zitronenschale unter den Eischnee rühren. Die Mandeln dazugeben und unterheben, sodass eine glatte Masse entsteht.

3 Mit einem Teelöffel haselnussgroße Portionen von der Mandelmasse abstechen und mit 2 cm Abstand als kleine Kugeln auf das Backblech setzen.

4 Die Mandelmakronen im Backofen auf der mittleren Schiene 25 bis 30 Minuten hell backen. Die Amarettini vom Backpapier lösen und abkühlen lassen. Nach Belieben mit Puderzucker bestäuben.

5 Für die Zabaione die Eigelbe mit dem Puderzucker, 1 Prise Salz und 1 EL Wasser in eine Metallschüssel geben und im heißen Wasserbad mit den Quirlen des Handrührgeräts oder dem Schneebesen schaumig schlagen. Nach und nach den Marsala dazugießen und so lange weiterschlagen, bis eine feste, schaumige Masse entstanden ist. Die Zabaione auf zwei große Espressotassen oder Gläser verteilen, noch heiß mit den Amarettini servieren.

Tipp

Wer es gern fruchtig mag, mariniert 250 g gewaschene, geputzte und klein geschnittene Erdbeeren mit 2 bis 3 EL Orangenlikör. Auf zwei Dessertschälchen verteilen und die Zabaione darübergeben.

Cappuccinocreme
mit Sahne und Vanille

Cremiger Kaffeegenuss: Echte Vanille und sahniger Schmelz machen diesen süßen Traum nicht nur als Dessert unwiderstehlich

Zutaten

4 Blatt weiße Gelatine

1 Vanilleschote

¼ l heißer, starker Kaffee

3 Eigelb

80 g Zucker

200 g Sahne

Zubereitung
FÜR 4–6 PERSONEN

1 Die Gelatine in kaltem Wasser einweichen. Die Vanilleschote der Länge nach aufschneiden und mit dem Kaffee bei starker Hitze einmal aufkochen. Den Kaffee vom Herd nehmen und die Schote entfernen.

2 Die Eigelbe mit dem Zucker und 6 EL Kaffee in einer Schüssel gut verrühren. Unter ständigem Rühren den restlichen Kaffee nach und nach untermischen. Dabei immer nur so viel dazugeben, dass das Eigelb durch den heißen Kaffee nicht gerinnt. Die Masse weiterschlagen, bis sie dickschaumig ist.

3 Die Gelatine tropfnass zur heißen Creme geben und darin auflösen. Die Creme unter Rühren im kalten Wasserbad abkühlen lassen.

4 Die Sahne steif schlagen und unterheben. Die Cappuccinocreme in Gläser füllen und mindestens 3 Stunden im Kühlschrank fest werden lassen. Nach Belieben mit einem Klecks geschlagener Sahne oder Milchschaum garnieren.

Tipp

Sie können die Cappuccinocreme auch noch mit Zimtpulver aromatisieren oder, wenn keine Kinder mitessen, mit etwa 2 cl Kahlúa (mex. Kaffeelikör) oder Cognac verfeinern.

Tiramisu
mit Aprikosen

Für italienische Momente: Der Dessertklassiker zeigt sich mit reifen Aprikosen und viel Kakaopulver von einer ganz neuen Seite

Zutaten

3 Aprikosen

4 EL Aprikosenlikör

50 g Amarettini
(ital. Mandelkekse)

5 frische Eigelb

5 EL Zucker

500 g Mascarpone

2 TL abgeriebene
unbehandelte Zitronenschale

Mark von 1 Vanilleschote

6 cl Amaretto
(ital. Mandellikör)

125 g Löffelbiskuits

50 ml kalter, starker Espresso

3–4 EL Kakaopulver

Zubereitung
FÜR 1 SPRINGFORM

1 Die Aprikosen kreuzweise einritzen, überbrühen, kalt abschrecken und häuten. Die Früchte halbieren, entsteinen und in kleine Würfel schneiden. Die Aprikosenwürfel in einer kleinen Schüssel mit dem Likör mischen und etwas ziehen lassen.

2 Die Amarettini in einen Gefrierbeutel geben und mit dem Nudelholz grob zerbröseln. Die Eigelbe mit dem Zucker in einer Schüssel schaumig schlagen. Den Mascarpone, die Zitronenschale, das Vanillemark und 2 cl Amaretto unterrühren.

3 Den Boden einer Springform (26 cm Durchmesser) mit der Hälfte der Löffelbiskuits auslegen und mit 2 cl Amaretto und der Hälfte des Espressos beträufeln. Die Hälfte der Aprikosenwürfel und der Amarettinibrösel darauf verteilen. Die Hälfte der Mascarponecreme daraufgeben, glatt streichen und durch ein feines Sieb dick mit der Hälfte vom Kakao bestäuben.

4 Die restlichen Löffelbiskuits auf der Cremeschicht verteilen. Mit dem übrigen Amaretto und Espresso beträufeln. Die restlichen Aprikosen und Amarettini darauf verteilen, die übrige Mascarponecreme daraufgeben und glatt streichen. Das Tiramisu durch ein feines Sieb dick mit Kakao bestäuben und zugedeckt etwa 4 Stunden kühl stellen. Zum Servieren den Rand der Springform lösen und das Tiramisu in Stücke schneiden.

Tipp

Wem die Mascarponecreme schlichtweg zu »mächtig« ist, der bereitet die abgespeckte, aber mindestens ebenso leckere Variante zu: Einfach 250 g Mascarpone mit 250 g Speise- oder Magerquark glatt rühren.

Mandelschokopudding
mit Schokoladensauce

Zutaten

Für den Pudding:

Fett und Zucker für die Förmchen

70 g dunkle Kuvertüre

70 g weiche Butter · 6 Eigelb

1 cl brauner Rum · 6 Eiweiß

Salz · 80 g Zucker

40 g gemahlene Mandeln

(angeröstet)

Für die Sauce:

$\frac{1}{8}$ l Milch · 100 g Sahne

$\frac{1}{2}$ Vanilleschote

100 g dunkle Kuvertüre (gehackt)

50 g Vollmilchkuvertüre

(gehackt)

75 g weiche Butter · 1 cl Cognac

Zubereitung
FÜR 4 PERSONEN

1 Für den Pudding Förmchen (à 8 cm Durchmesser) einfetten, mit Zucker ausstreuen und kühl stellen. Kuvertüre hacken, im heißen Wasserbad unter Rühren schmelzen und abkühlen lassen. Butter schaumig schlagen, nach und nach die Eigelbe unterrühren, dann Kuvertüre und Rum hinzufügen. Die Eiweiße mit 1 Prise Salz und einem Drittel Zucker steif schlagen, restlichen Zucker einrieseln lassen. Ein Drittel des Eischnees unter die Schokomasse heben, dann den Rest und die Mandeln unterheben.

2 Den Backofen auf 250 °C vorheizen. In ein tiefes Blech so viel kochendes Wasser gießen, dass die Förmchen zu einem Drittel im Wasser stehen. Förmchen bis 2 cm unter den Rand mit Pudding füllen und im Backofen auf der mittleren Schiene 20 Minuten garen. Herausnehmen, kurz ruhen lassen und stürzen.

3 Für die Sauce Milch, Sahne und Vanilleschote aufkochen. Vom Herd nehmen, Kuvertüren darin schmelzen lassen. Die Butter schaumig schlagen, die Kuvertüre und den Cognac unterrühren. Den Pudding mit der Sauce servieren, nach Belieben mit Puderzucker bestäuben.

Schokoladencreme
mit Sahne und Zimt

Zutaten

100 g dunkle Kuvertüre

300 g Sahne

1 ½ TL Zimtpulver

50 g Zartbitterschokolade

8 Zimtsplitter

Zubereitung
FÜR 4 PERSONEN

1 Am Vortag die Kuvertüre fein hacken. Die Sahne in einem Topf aufkochen lassen. 1 TL Zimt unterrühren und die Kuvertüre darin unter Rühren schmelzen lassen.

2 Die Zimt-Schokoladen-Sahne mit dem Stabmixer kurz aufmixen. Abkühlen lassen und zugedeckt 24 Stunden im Kühlschrank ziehen lassen.

3 Am nächsten Tag die Schokolade grob hacken und in einer Metallschüssel im heißen Wasserbad unter Rühren schmelzen lassen. Die Zimt-

splitter zur Hälfte in die geschmolzene Schokolade tauchen und anschließend auf Backpapier erstarren lassen.

4 Die Zimt-Schokoladen-Sahne in einem hohen Rührbecher halb steif schlagen. Die Creme auf Portionsförmchen verteilen und mit dem restlichen Zimt bestäuben. Mit den Zimtsplittern garniert servieren.

Mokka-Schoko-Mousse
mit Kaffeebohnen

Versteckte Verführung: Wenn sich saftiger Biskuit und knackige
Nüsse unter einer Mousse verbergen, ist das immer eine Sünde wert

Zutaten

150 g Mokkaschokolade

30 ml heißer, starker Espresso

1 TL Instant-Kaffeepulver

3 frische Eier

2 EL Vanillezucker

125 g Sahne

2 EL Zucker

1 dunkler Biskuitboden
(Wiener Boden,
ca. 3 cm dick)

4 cl Amaretto
(ital. Mandellikör)

30 g Cashewkerne

2 EL Kakaopulver

Zubereitung
FÜR 6 PERSONEN

1 Die Schokolade grob hacken und in einer Metallschüssel im heißen Wasserbad unter Rühren schmelzen lassen. Den Espresso und das Kaffeepulver unterrühren.

2 Die Eier trennen. Die Eiweiße zu einem steifen Schnee schlagen. Die Eigelbe mit dem Vanillezucker in einer Metallschüssel im heißen Wasserbad schaumig schlagen. Die Sahne mit dem Zucker ebenfalls steif schlagen.

3 Die Eigelbmasse mit dem Schneebesen unter die geschmolzene Schokolade rühren. Die geschlagene Sahne unterrühren, bevor die Masse fest wird. Zuletzt den Eischnee nach und nach unterheben und die Schokoladenmousse kühl stellen.

4 Den Biskuitboden in 18 Würfel (à 3 cm Kantenlänge) schneiden und mit dem Amaretto beträufeln, die Biskuitreste anderweitig verwenden. Die Cashewkerne grob hacken.

5 Die Biskuitwürfel und die Cashewkerne auf Portionsförmchen oder Gläser verteilen. Die Mousse daraufgeben, glatt streichen und zugedeckt 3 Stunden kühl stellen.

6 Zum Servieren die Mousse durch ein feines Sieb mit dem Kakao bestäuben und nach Belieben mit Kaffeebohnen garnieren.

Tipp

Einen fruchtigen Touch bekommt dieses Dessert, wenn Sie den Teig mit Orangenlikör (z. B. Grand Marnier) beträufeln und die Cashewkerne durch Orangenfilets ersetzen.

Kaffeepudding
auf Mangosauce

Zutaten

2 Eigelb · 3 Eier

190 g Zucker

1/4 l Milch

1/4 l heißer, starker Kaffee

Fett für die Förmchen

2 cl Orangenlikör

(z.B. Grand Marnier)

2 Mangos

etwas Apfelsaft

Zubereitung

FÜR 6 PERSONEN

1 Eigelbe mit den Eiern und 90 g Zucker in einer Schüssel gut verrühren, aber nicht schaumig schlagen. Die Milch mit dem Kaffee in einem Topf aufkochen und nach und nach unter die Eiermasse rühren.

2 Den Backofen auf 180 °C vorheizen. 6 Portionsförmchen einfetten. Den restlichen Zucker mit 2 EL Wasser in einem Topf aufkochen und bei schwacher Hitze köcheln lassen, bis der Zucker goldbraun ist. Sofort etwa 3 mm hoch in die Förmchen füllen.

3 Die Eiermilch durch ein Sieb gießen, den Likör unterrühren und in die Förmchen füllen. Die Förmchen in ein tiefes Backblech stellen, so viel Wasser auffüllen, dass die Förmchen bis zur Hälfte darin stehen. Den Pudding im Backofen auf der mittleren Schiene etwa 30 Minuten stocken lassen. Abkühlen lassen.

4 Inzwischen die Mangos schälen, das Fruchtfleisch vom Stein schneiden und mit Apfelsaft pürieren. Zum Servieren die Mangosauce auf Teller verteilen. Den Kaffeepudding auf die Mangosauce stürzen. Nach Belieben mit Mangospalten und Physalis servieren.

Lebkuchenmousse
mit Orangensauce

Zutaten

2 Blatt weiße Gelatine

3 Eier · 2 Eigelb · 90 g Zucker

4 cl Kirschwasser

75 g dunkle Kuvertüre (gehackt)

1 TL Lebkuchengewürz

80 g Lebkuchen · 250 g Sahne

$1/8$ l kräftiger schwarzer Tee

100 ml Orangensaft

4 cl brauner Rum

80 ml roter Portwein · 1 Nelke

1 Vanilleschote · 1 Zimtstange

2 EL Speisestärke

Fruchtfilets von 2 Orangen

Ananas-Chips für die Deko

(Fertigprodukt)

Zubereitung

FÜR 4–6 PERSONEN

1 Die Gelatine in kaltem Wasser einweichen.
Die Eier, die Eigelbe und 40 g Zucker im heißen
Wasserbad mit dem Schneebesen schaumig
schlagen. Im kalten Wasserbad weiterschlagen,
bis die Masse etwas abgekühlt ist.

2 Die Gelatine gut ausdrücken, in einem kleinen
Topf mit dem Kirschwasser erhitzen und auflösen, dann unter die Eiermasse rühren. Die
Kuvertüre in einer Schüssel im heißen Wasserbad unter Rühren schmelzen und mit dem Lebkuchengewürz unter die Eiercreme mischen.

3 Die Lebkuchen im Blitzhacker zerkleinern und
unter die Creme mischen. Die Sahne steif
schlagen und ebenfalls unterheben. Die Mousse
zugedeckt mindestens 3 Stunden kühl stellen.

4 Den Tee in einem Topf mit Orangensaft, Rum,
Portwein, Gewürzen und dem restlichen Zucker
erhitzen. Die Stärke mit etwas kaltem Wasser
anrühren und untermischen. Die Sauce kurz
aufkochen und binden, dann abkühlen lassen.

5 Von der Mousse mit einem Löffel Nocken abstechen und mit Sauce und Orangenfilets anrichten. Mit Ananas-Chips dekoriert servieren.

Snacks &
Pikantes

Crostini
in drei Variationen

Die Qual der Wahl: Mit Garnelen, Schinken oder Tomaten
buhlt hier ein verführerisches Trio um die Gunst der Gäste

Zutaten

1 Baguette

½ Bund Schnittlauch

3 Eier · 80 g Crème fraîche

Salz · Pfeffer aus der Mühle

3 EL Butter

1 Tomate

einige Blätter Basilikum

1 TL Aceto balsamico

2 EL Olivenöl

50 g Garnelen (küchenfertig)

2 TL gehackter Dill

1 TL Zitronensaft

1 Frühlingszwiebel

1 dickere Scheibe

gekochter Schinken (ca. 100 g)

1 EL eingelegte Kapern

Zubereitung

FÜR CA. 20 STÜCK

1 Den Backofengrill einschalten. Das Baguette schräg in etwa 20 Scheiben schneiden und die Baguettescheiben unter dem Backofengrill auf der obersten Schiene etwa 5 Minuten gold-braun rösten.

2 Den Schnittlauch waschen, trocken schütteln und in Röllchen schneiden. Die Eier und die Crème fraîche verrühren und die Schnittlauchröllchen hinzufügen. Mit Salz und Pfeffer würzen.

3 Den Backofen auf 100 °C vorheizen. Die Butter in einer Pfanne zerlassen, die Ei-Schnittlauch-Mischung hineingießen und unter Rühren stocken lassen. Das Rührei auf den Brotscheiben verteilen und diese zugedeckt im Backofen warm halten.

4 Für die Tomatengarnitur die Tomate waschen, vierteln und die Kerne entfernen, dabei den Stielansatz entfernen. Das Fruchtfleisch in kleine Würfel schneiden. Die Basilikumblätter waschen, trocken tupfen und in feine Streifen schneiden. Mit den Tomatenwürfeln, Essig und Öl mischen.

5 Für die Garnelengarnitur die Garnelen in einem Sieb kalt abbrausen und mit Küchenpapier trocken tupfen. Mit Dill und Zitronensaft mischen, mit Salz und Pfeffer abschmecken.

6 Für die Schinkengarnitur die Frühlingszwiebel putzen, wa-schen und in feine Ringe schneiden. Den Schinken in Streifen schneiden und mit den Frühlingszwiebelringen und den Ka-pern mischen.

7 Jede der 3 Garnituren auf jeweils 6 bis 7 vorbereitete Rührei-Crostini verteilen. Nach Belieben die Tomaten-Crostini mit Basilikumblättern garnieren.

Mozzarella-Häppchen
mit Tomaten und Basilikum

Zutaten

200 g Doppelrahmfrischkäse

1 EL Zitronensaft

2 EL gehacktes Basilikum

Salz · Pfeffer aus der Mühle

5 Tomaten

1 Zucchino

3 Kugeln Mozzarella (à 125 g)

1 Baguette

4 EL Aceto balsamico

4 EL Olivenöl

20 Basilikumblätter

Zubereitung
FÜR 20 STÜCK

1 Den Frischkäse mit dem Zitronensaft und dem gehackten Basilikum verrühren. Mit Salz und Pfeffer abschmecken.

2 Den Backofen auf 200 °C vorheizen. Die Tomaten waschen und in Scheiben schneiden, dabei die Stielansätze entfernen. Zucchino putzen, waschen und in Scheiben schneiden. Mozzarella abtropfen lassen und in Scheiben schneiden. Das Baguette in 20 Scheiben schneiden.

3 Die Brotscheiben jeweils mit etwas Basilikum-Frischkäse bestreichen und mit 1 Tomatenscheibe belegen. Tomaten mit Salz und Pfeffer würzen und mit etwas Essig und Öl beträufeln. Eine Zucchinischeibe darauflegen, salzen und mit 1 Scheibe Mozzarella bedecken.

4 Die Häppchen auf ein mit Backpapier ausgelegtes Backblech setzen und im Backofen auf der mittleren Schiene überbacken, bis der Käse schmilzt. Auf jedem Häppchen 1 Basilikumblatt mit einem kleinen Holzspieß befestigen.

Bruschetta
mit Tomaten und Rucola

Zutaten

2 Fleischtomaten

1/2 Bund Rucola

Salz · Pfeffer aus der Mühle

8 Baguettescheiben

2 Knoblauchzehen

4 EL Olivenöl

Zubereitung
FÜR 8 STÜCK

1 Die Tomaten waschen, vierteln und entkernen, dabei die Stielansätze entfernen. Das Fruchtfleisch in kleine Würfel schneiden.

2 Den Backofengrill einschalten. Den Rucola verlesen, waschen und trocken schütteln, grobe Stiele entfernen und die Blätter klein schneiden. Die Tomatenwürfel und Rucola mischen, mit Salz und Pfeffer würzen.

3 Die Baguettescheiben nebeneinander auf das Ofengitter legen und unter dem Backofengrill auf der obersten Schiene etwa 5 Minuten goldbraun rösten. Den Knoblauch schälen und halbieren. Die heißen Brotscheiben mit den Schnittflächen der Knoblauchzehen einreiben und anschließend mit Öl beträufeln.

4 Tomaten-Rucola-Mischung auf den Baguettescheiben verteilen. Auf einer Platte oder einem großen Teller anrichten, nach Belieben mit Rucolablättern garnieren und sofort servieren.

Tramezzini
mit Schinken und Kresse

Softies, die jeder liebt: Tramezzini mit fruchtiger Tomatenbutter, Kresse und herzhaftem Schinken sind einfach zum Anbeißen gut

Zutaten

2 Knoblauchzehen

4 getrocknete Tomaten

(in Öl eingelegt)

Salz

60 g weiche Butter

1 Kästchen Gartenkresse

8 Scheiben Toastbrot

(oder Kastenweißbrot)

8 dünne Scheiben

gekochter Schinken

Zubereitung

FÜR 8 STÜCK

1 Den Knoblauch schälen und in feine Würfel schneiden. Die getrockneten Tomaten auf Küchenpapier abtropfen lassen. Das Fruchtfleisch mit einem Messer von den Häuten schaben und (am besten in einem Mörser) mit 1 Prise Salz und dem Knoblauch zerdrücken. Mit der Butter vermischen.

2 Die Kresseblättchen mit der Schere vom Beet schneiden, in einem Sieb abbrausen und abtropfen lassen. Die Toastbrotscheiben dünn mit der Tomatenbutter bestreichen. Die Hälfte der Brotscheiben mit Kresse bestreuen und mit Schinken belegen, die andere Hälfte mit der bestrichenen Seite darauflegen und gut andrücken.

3 Die Ränder mit einem Brotmesser so gerade schneiden, dass die Brotrinde entfernt wird. Die Tramezzini diagonal halbieren, nach Belieben jeweils in eine Papierserviette wickeln.

Tipp

Wer auf den Schinken verzichten möchte, der kann ihn durch Pilze ersetzen. Dafür 250 g Champignons putzen, trocken abreiben, in Scheiben schneiden und in Öl goldbraun braten. Mit Salz und Pfeffer würzen.

Toast
mit grünem Spargel

Schlicht und raffiniert: Wenn sich feiner Spargel mit kräftigem Pecorino vereint, wissen selbst Feinschmecker belegte Brote zu schätzen

Zutaten

250 g grüner Spargel · Salz

150 g mittelalter Pecorino

½ Bund Basilikum

1 EL Pistazien

4 EL Crème fraîche

Pfeffer aus der Mühle

Chilipulver

8 Scheiben Toastbrot

Zubereitung
FÜR 4 STÜCK

1 Den Spargel waschen, nur im unteren Drittel schälen und die holzigen Enden abschneiden. In einem Topf wenig Wasser salzen und zum Kochen bringen, den Spargel darin 8 Minuten bissfest garen. Die Spargelstangen mit dem Schaumlöffel herausheben, kalt abschrecken und abtropfen lassen.

2 Den Pecorino fein reiben. Das Basilikum waschen und trocken schütteln, die Blätter von den Stielen zupfen und in feine Streifen schneiden. Die Pistazien hacken. Den Pecorino mit der Crème fraîche verrühren und mit Pfeffer und 1 Prise Chili würzen. Die Basilikumstreifen und die gehackten Pistazien untermischen. Den Spargel in Stücke schneiden.

3 Die Hälfte der Toastbrotscheiben mit der Käsecreme bestreichen, mit den Spargelstücken belegen und mit den restlichen Brotscheiben bedecken. Die Spargeltoasts im Sandwich-Toaster etwa 3 Minuten goldbraun rösten oder im vorgeheizten Backofen bei 250 °C etwa 5 Minuten bräunen.

Tipp

Natürlich können Sie den grünen Spargel auch durch weißen ersetzen. Allerdings müssen Sie die Spargelstangen dann ganz schälen und die Garzeit um etwa 5 Minuten verlängern.

California-Sandwich
mit Pute und Orangen

Zutaten

2 Orangen

200 g Champignons

1 EL Zitronensaft

8 Blätter Kopfsalat

4 EL Crème fraîche

2 TL scharfer Senf

abgeriebene Schale von

1 unbehandelten Zitrone

Salz · Pfeffer aus der Mühle

8 Scheiben Vollkorntoastbrot

200 g Putenbrust

(in dünne Scheiben geschnitten)

Zubereitung
FÜR 8 STÜCK

1 Die Orangen so großzügig schälen, dass auch die weiße Haut mit entfernt wird, und die Früchte quer in dünne Scheiben schneiden. Die Pilze putzen, mit Küchenpapier trocken abreiben, ebenfalls in dünne Scheiben schneiden und mit dem Zitronensaft beträufeln.

2 Die Salatblätter waschen und trocken schütteln. Die Crème fraîche mit Senf und Zitronenschale verrühren, mit Salz und Pfeffer würzen.

3 Die Toastbrotscheiben goldbraun rösten. Die Hälfte der Senfcreme auf 4 Toastbrotscheiben streichen und die Salatblätter, die Putenbrust, die Pilze und die Orangenscheiben dekorativ darauflegen.

4 Die restliche Senfcreme auf den Pilzen und den Orangen verteilen und mit den übrigen Toastbrotscheiben belegen. Jedes Sandwich leicht andrücken und diagonal halbieren.

Hähnchen-Sandwich
mit Frühstücksspeck

Zutaten

12 Scheiben Toast- oder Weißbrot

2 gebratene Hähnchenbrustfilets

einige Blätter Endiviensalat

4 EL Salatmayonnaise

2 Fleischtomaten

8 Scheiben Frühstücksspeck

Zubereitung
FÜR 8 STÜCK

1 Die Brotscheiben im Toaster goldbraun rösten. Die Hähnchenbrust in feine Scheiben schneiden und auf 4 Brotscheiben verteilen.

2 Die Salatblätter waschen, trocken schütteln und in mundgerechte Stücke zerteilen. Auf die Hähnchenbrust legen und die Hälfte der Mayonnaise daraufstreichen. Jeweils mit einer zweiten Scheibe Weißbrot belegen.

3 Die Tomaten waschen und in Scheiben schneiden, dabei die Stielansätze entfernen. Die obersten Toastbrotscheiben mit der restlichen Mayonnaise bestreichen und die Tomatenscheiben darauflegen.

4 Die Speckscheiben in einer beschichteten Pfanne ohne Fett knusprig braten, auf die Tomatenscheiben legen und mit Toastbrot abdecken. Die Brotscheiben diagonal halbieren. Mit einem Zahnstocher fixieren und servieren.

Tramezzini
mit Radicchio

Genuss im Dreieck: Hier kommen geröstete Tramezzini mit
zarter Putenbrust und knackiger Salatfüllung ganz groß raus

Zutaten

50 g Radicchio

2 EL Mayonnaise

2 EL Mascarpone

1 EL Rosinen

1 EL Pistazien

Salz · Pfeffer aus der Mühle

8 Scheiben Sandwich-Brot

2 EL Butter

60 g Putenbrust

(in dünnen Scheiben)

Zubereitung
FÜR 8 STÜCK

1 Den Radicchio putzen, waschen und trocken schütteln, die weißen Blattrippen herausschneiden. Die Blätter längs halbieren und quer in möglichst feine Streifen schneiden.

2 Die Mayonnaise mit dem Mascarpone verrühren und die Rosinen untermischen. Die Pistazien fein hacken und mit den Radicchiostreifen unter die Mayonnaise rühren. Mit Salz und Pfeffer kräftig abschmecken.

3 Die Brotscheiben leicht rösten oder kurz unter dem Backofengrill anrösten. Das Brot sofort dünn mit Butter bestreichen und abkühlen lassen.

4 Die Salatfüllung auf die Hälfte der Brotscheiben verteilen. Die Putenbrustscheiben darauflegen. Mit den übrigen Brotscheiben bedecken und leicht andrücken. Jedes belegte Brot diagonal halbieren.

Tipp

Wer die Tramezzini variieren möchte, kann die Mayonnaise auch einmal statt mit Rosinen und Pistazien mit halbierten und entkernten Weintrauben und gehackten Walnüssen zubereiten.

Mini-Sandwiches
mit Rucola und Meerrettich

Herzhaftes im Doppelpack: Für alle, die gern etwas Pikantes zu Kaffee & Co. genießen, sind diese Minis das perfekte Dream-Team

Zutaten

1 Bund Rucola

½ Salatgurke

6 EL Frischkäse

2 TL geriebener Meerrettich
(frisch oder aus dem Glas)

Salz · Pfeffer aus der Mühle

1 EL Pistazien

je 4 Scheiben Vollkorntoast-
und Vollkornbrot

4 Scheiben Räucherlachs

Zubereitung
FÜR JE 8 STÜCK

1 Den Rucola verlesen, waschen und trocken schütteln. Grobe Stiele entfernen und die Blätter grob zerkleinern. Die Gurke schälen und in feine Scheiben schneiden oder hobeln.

2 Den Frischkäse mit dem Meerrettich glatt rühren, mit Salz und Pfeffer würzen. Die Pistazien fein hacken. Die Toastbrotscheiben leicht rösten oder kurz unter dem Backofengrill bräunen.

3 Die Toastbrotscheiben und 2 Scheiben Vollkornbrot mit Frischkäse bestreichen. Gurken und Rucola auf den bestrichenen Toastbrotscheiben verteilen, mit den restlichen Toastbrotscheiben bedecken und leicht andrücken. Die Toastbrote diagonal vierteln und mit Holzspießchen servieren.

4 Die bestrichenen Vollkornbrote mit dem Räucherlachs belegen und mit den Pistazien bestreuen, nach Belieben Pfeffer grob darübermahlen. Mit den restlichen Brotscheiben bedecken. Die Sandwiches vierteln, nach Belieben mit Rucola garnieren und mit Holzspießchen fixieren.

Tipp

Als Belag können Sie auch eine Lachscreme zubereiten: Dafür 150 g klein geschnittenen Räucherlachs mit jeweils 50 g Sahne und Ricotta pürieren. Mit Salz, Pfeffer und Zitronensaft würzen.

Vollkorn-Sandwich
mit Apfel-Preiselbeer-Creme

Zutaten

3 Scheiben Vollkornbrot

3 Blätter Radicchio (oder Eis-
bergsalat)

½ kleiner Apfel

1 TL Zitronensaft

2 TL Preiselbeeren (aus dem Glas)

1 TL feine Leberwurst

Salz · Pfeffer aus der Mühle

1 dünne Scheibe gekochter
Schinken

Zubereitung
FÜR 2 STÜCK

1 Die Brotscheiben nach Belieben rösten, aufeinanderlegen und die Rinde mit einem Brotmesser rundum abschneiden. Die Salatblätter waschen, trocken schütteln und in mundgerechte
Stücke zupfen.

2 Die Apfelhälfte schälen und das Kerngehäuse
entfernen. Den Apfel auf der Gemüsereibe fein
raspeln und sofort mit dem Zitronensaft beträufeln. Mit den Preiselbeeren und der Leberwurst vermischen und mit Salz und Pfeffer
abschmecken.

3 Eine Brotscheibe mit etwas Salat belegen und
dick mit der Apfel-Preiselbeer-Creme bestreichen. Mit einer weiteren Scheibe Brot bedecken.

4 Die restlichen Salatblätter darauf verteilen.
Den Fettrand vom Schinken entfernen und den
Schinken auf den Radicchio legen. Mit der dritten Brotscheibe abdecken und das Sandwich
nach Belieben diagonal halbieren.

Vollkorn-Sandwich
mit Sauerkraut und Schinken

Zutaten

4 Scheiben Vollkornbrot

2 TL Butter

2 Gewürzgurken

100 g frisches Sauerkraut

2 dünne Scheiben gekochter
Schinken

1 TL scharfer Senf

Zubereitung
FÜR 2 STÜCK

1 Zwei Brotscheiben dünn mit Butter bestreichen. Die Gewürzgurken trocken tupfen, längs in dünne Scheiben schneiden und auf die bestrichenen Brote verteilen.

2 Das Sauerkraut mit zwei Gabeln auseinanderzupfen und auf die Gewürzgurken-Brote geben. Den Fettrand vom Schinken entfernen, die Schinkenscheiben locker einschlagen und auf das Sauerkraut legen.

3 Die restlichen Brotscheiben dünn mit dem Senf bestreichen und mit der bestrichenen Seite auf die Sauerkraut-Schinken-Brote legen. Leicht andrücken und sofort servieren. Nach Belieben kann man die Gewürzgurke auch weglassen und das Sauerkraut stattdessen mit einigen Ananasstücken (aus der Dose) vermischen. Die Brote dann wie oben beschrieben belegen.

Sandwich
mit Ziegenkäse

Biss für Biss ein Stück Urlaubslaune: Brote mit erfrischender Gurke und cremigem Ziegenkäse sind das ideale Fingerfood für sonnige Tage

Zutaten

2 EL Pinienkerne

1 Salatgurke

3 Schalotten

250 g Ziegenfrischkäse

1 EL Olivenöl

1 EL gehackter Borretsch

Salz · Pfeffer aus der Mühle

8 Scheiben Brot (nach Wahl)

Zubereitung
FÜR 4 STÜCK

1 Die Pinienkerne in einer beschichteten Pfanne ohne Fett goldbraun rösten und abkühlen lassen.

2 Die Gurke schälen und längs halbieren, die Kerne mit einem Teelöffel entfernen. Eine Gurkenhälfte in dünne Scheiben schneiden oder hobeln, die andere Hälfte grob raspeln und die Raspel fest ausdrücken. Die Schalotten schälen und in feine Würfel schneiden.

3 Den Ziegenfrischkäse mit der Gabel zerdrücken. Mit Öl, Pinienkernen, Gurkenscheiben und -raspeln, Schalotten sowie Borretsch vermischen, mit Salz und Pfeffer würzen.

4 Die Frischkäse-Gurken-Mischung auf die Hälfte der Brotscheiben verteilen und jeweils mit 1 Scheibe Brot abdecken. Nach Belieben jedes Sandwich mit Ziegenkäse zum Servieren in eine Serviette wickeln.

Tipp

Sie können das Käsesandwich z. B. mit einfachem Bauernbrot, kräftigem Gewürzbrot oder Kürbiskernbrot zubereiten – erlaubt ist, was schmeckt! Besonders fein wird's mit Toastbrot.

Mini-Sandwiches
mit Gurke und Kresse

Zutaten

½ Salatgurke

1 Kästchen Gartenkresse

3 EL weiche Butter

3 EL Sahnequark

1 EL geriebener Meerrettich
(frisch oder aus dem Glas)

Salz · Pfeffer aus der Mühle

Senfpulver

4 Blätter Kopfsalat

8 Scheiben Sandwich-Brot

Zubereitung
FÜR 16 STÜCK

1 Die Gurke waschen oder schälen und in dünne Scheiben schneiden oder hobeln. Die Kresse-blättchen mit der Schere vom Beet schneiden, in einem Sieb abbrausen und abtropfen lassen. Einige Blättchen für die Deko beiseitelegen.

2 Butter, Quark, Meerrettich, Salz, Pfeffer und 1 Prise Senfpulver mit einer Gabel gründlich zerdrücken und vermischen, zum Schluss die Kresse unterrühren.

3 Die Salatblätter waschen und trocken schütteln. Die Brotscheiben entrinden und die Hälfte der Scheiben mit der Buttermischung bestreichen. Die Gurken dachziegelartig darauflegen, mit Salat und restlichen Brotscheiben bedecken.

4 Die Sandwiches jeweils vierteln, mit der rest-lichen Kresse bestreuen und zum Servieren mit Holzspießchen fixieren.

Sandwich-Rollen
mit Roastbeef und Rucola

Zutaten

1 Staude Chicorée

1 EL Butter

2 EL Pinienkerne

150 g Mascarpone

50 g Sahne

1 TL eingelegte grüne
Pfefferkörner

Salz · 1 Bund Rucola

4 große Scheiben Sandwich-Brot

8 Scheiben Roastbeef

Zubereitung
FÜR 8 STÜCK

1 Den Chicorée waschen, längs halbieren und den Strunk keilförmig herausschneiden. Die Blätter in kleine Würfel schneiden. Die Butter schmelzen und die Pinienkerne darin gold-braun rösten. Die Chicoréewürfel dazugeben, 3 Minuten mitbraten und abkühlen lassen.

2 Den Mascarpone mit der Chicoréemischung und der Sahne verrühren. Die Pfefferkörner fein ha-cken und untermischen, die Chicoréecreme mit Salz abschmecken.

3 Den Rucola verlesen, waschen und trocken schütteln, grobe Stiele entfernen. Die Brot-scheiben entrinden, mit der Chicoréecreme bestreichen, mit dem Roastbeef und den Ru-colablättern belegen. Die Brotscheiben von der schmalen Seite her fest einrollen, in Frisch-haltefolie wickeln und mindestens 1 Stunde kühl stellen.

4 Zum Servieren jede Sandwich-Rolle in zwei Stücke schneiden und mit Holzspießchen fixieren.

Mini-Pizzen
mit Tomaten und Oregano

*Knuspriges aus dem Ofen: Diese kleinen Pizzen sind schnell gemacht
und schmecken auf einem mediterranen Büfett auch kalt noch gut*

Zutaten

Für den Quark-Öl-Teig:

150 g Magerquark

6 EL Öl · 6 EL Milch

300 g Mehl

1 Päckchen Backpulver

Salz

Für den Belag:

1 Kugel Mozzarella (125 g)

Mehl für die Arbeitsfläche

400 g Pizza-Tomaten

(aus der Dose)

Salz · Pfeffer aus der Mühle

einige Zweige Oregano

Zubereitung
FÜR 10 STÜCK

1 Für den Quark-Öl-Teig in einer Schüssel den Quark, das Öl und die Milch verrühren. Das Mehl mit dem Backpulver mischen und darübersieben, 1/2 TL Salz hinzufügen. Alles mit den Händen zu einem glatten Teig verkneten.

2 Den Teig zu einer Kugel formen, in Frischhaltefolie wickeln und 20 Minuten ruhen lassen.

3 Den Backofen auf 180 °C vorheizen. Für den Belag den Mozzarella abtropfen lassen und in kleine Würfel schneiden.

4 Aus dem Teig 10 Kugeln formen und mit dem Nudelholz auf der bemehlten Arbeitsfläche zu kleinen runden Pizzen von etwa 8 cm Durchmesser ausrollen. Die Pizzen auf ein mit Backpapier ausgelegtes Backblech setzen. Die Tomaten mit Salz und Pfeffer würzen und auf den Pizzen verteilen. Mit den Mozzarellawürfeln bestreuen.

5 Die Pizzen im Backofen auf der mittleren Schiene 20 Minuten goldbraun backen. Den Oregano waschen und trocken schütteln, die Blättchen abzupfen und vor dem Servieren über die Pizzen streuen. Nach Belieben Pfeffer grob darübermahlen.

Tipp

Nahezu grenzenlos ist die Auswahl dessen, womit man Pizzen belegen kann: Salami, Schinken, Pilze, Paprika, Oliven, Thunfisch, Zwiebeln, Sardellen – erlaubt ist alles, was schmeckt.

Insalata caprese

in knusprigem Blätterteig

*Basilikum, Mozzarella und Tomaten: Der Vorspeisenklassiker aus Italien
wird diesmal warm in einer feinen Verpackung aus Blätterteig serviert*

Zutaten

300 g Tiefkühl-Blätterteig

Mehl für die Arbeitsfläche

1 Eigelb

700 g reife Tomaten

300 g Mozzarella

1 EL Aceto balsamico

1 EL Olivenöl

Salz · Pfeffer aus der Mühle

½ TL getrockneter Oregano

Basilikumblätter
zum Garnieren

Zubereitung

FÜR 6 STÜCK

1 Die Blätterteigplatten auf einer Arbeitsfläche nebeneinander auslegen und etwa 10 Minuten auftauen lassen. Dann übereinanderlegen und auf der bemehlten Arbeitsfläche dünn ausrollen. 6 Rechtecke à etwa 8 x 10 cm ausschneiden. Aus den Teigresten etwa 1 cm breite Streifen schneiden. Das Eigelb verquirlen und die Rechtecke mit dem Eigelb am Rand einstreichen, dann die Teigstreifen als Rand daraufsetzen und leicht andrücken.

2 Die Tomaten waschen und in Spalten schneiden, dabei die Stielansätze entfernen. Den Mozzarella abtropfen lassen und in Scheiben schneiden. Den Backofen auf 225 °C vorheizen.

3 Tomaten und Mozzarella auf den Teigböden verteilen, jeweils mit einigen Tropfen Essig und Öl beträufeln, mit Salz und Pfeffer würzen und den Oregano darüberstreuen.

4 Die Teigrechtecke im Backofen auf der untersten Schiene 15 bis 20 Minuten goldbraun backen. Mit Basilikum garnieren und sofort servieren.

Tipp

Wenn Sie noch etwas geriebenen Parmesan auf die Füllung streuen, erhalten Sie eine würzige Kruste. Mit klein geschnittenen schwarzen Oliven wird das Mittelmeeraroma noch intensiver.

Schnecken

mit Tomatenpesto

Kleiner Aufwand, große Wirkung: Bei der Zubereitung
dieser pikanten Knabbereien haben Sie bestimmt schnell den Dreh raus

Zutaten

6 getrocknete Tomaten
(in Öl eingelegt)
1 Knoblauchzehe
1 EL Olivenöl
1 EL Pinienkerne
3 EL geriebener Parmesan
250 g Tiefkühl-Blätterteig
Mehl für die Arbeitsfläche
1 Eigelb
1 EL Milch

Zubereitung

FÜR 20 STÜCK

1 Die Tomaten abtropfen lassen und fein hacken. Den Knoblauch schälen und fein hacken. Tomaten mit Knoblauch, Öl, Pinienkernen und 1 EL Parmesan im Küchenmixer pürieren.

2 Die Blätterteigplatten auf einer Arbeitsfläche nebeneinander auslegen und etwa 10 Minuten auftauen lassen. Die Platten aufeinanderlegen und auf der bemehlten Arbeitsfläche zu einem Rechteck von 15 x 35 cm ausrollen. Die Ränder mit einem scharfen Messer gerade schneiden.

3 Das selbst gemachte Tomatenpesto gleichmäßig auf den Teig verstreichen. Die Teigplatte längs von beiden Seiten her zusammenrollen. Dabei möglichst fest rollen, damit der Teig beim Backen zusammenhält. Die Rolle 20 Minuten in den Kühlschrank legen und fest werden lassen.

4 Den Backofen auf 200 °C vorheizen. Ein Backblech mit Backpapier auslegen. Das Eigelb mit der Milch verrühren.

5 Die Teigrolle aus dem Kühlschrank nehmen, in etwa 1 cm dicke Scheiben schneiden und mit dem verquirlten Eigelb bestreichen. Die Teigschnecken im Backofen auf der mittleren Schiene 10 Minuten knusprig backen. Das Gebäck sofort mit dem restlichen Parmesan bestreuen und auf dem Kuchengitter abkühlen lassen.

Tipp

Die Schnecken schmecken auch mit jeder Art von grünem Pesto sehr lecker. Mit tiefgekühltem Blätterteig und Pesto aus dem Glas sind sie der ideale Snack für überraschenden Besuch.

Ziegenkäse
in Blätterteig

Zutaten

2 Platten Tiefkühl-Blätterteig

12 kleine rote Zwiebeln

2 EL Olivenöl

1 TL Zucker

1 EL Aceto balsamico

Salz · Pfeffer aus der Mühle

2 kleine, runde Ziegenkäse

Rucola und Walnüsse

zum Garnieren

Zubereitung
FÜR 4 STÜCK

1 Die Blätterteigplatten auf einer Arbeitsfläche nebeneinander auslegen und etwa 10 Minuten auftauen lassen. Die Zwiebeln schälen, halbieren und in feine Spalten schneiden.

2 Das Öl in einer Pfanne erhitzen und die Zwiebeln darin 10 Minuten dünsten. Mit dem Zucker bestreuen und karamellisieren. Das Zwiebelragout mit dem Essig ablöschen und mit Salz und Pfeffer würzen. 5 Minuten weiterdünsten.

3 Die Teigplatten quer halbieren. Mit einem Messer rundum einen etwa 1 cm breiten Rand markieren, aber nicht durchschneiden. Den Rand hochklappen und an den Ecken leicht andrücken. Den Backofen auf 200 °C vorheizen.

4 Das Zwiebelragout in den Blätterteigquadraten verteilen. Den Ziegenkäse waagerecht halbieren und je 1 Hälfte auf die Zwiebeln legen. Die Blätterteigecken im Backofen auf der mittleren Schiene etwa 20 Minuten goldbraun backen. Mit Rucola und Walnüssen garnieren.

Schinkenmousse
auf Toastdreiecken

Zutaten

200 g gekochter Schinken

1 Schalotte

2 EL trockener Weißwein

½ Knoblauchzehe

½ TL Thymianblättchen

4 EL Crème fraîche

2 EL Sahne

Salz · Pfeffer aus der Mühle

6 Scheiben Toastbrot

Kräuter zum Garnieren

(z. B. Basilikum, Schnittlauch,

Borretschblüten)

Zubereitung
FÜR 12 STÜCK

1 Den Schinken klein schneiden. Die Schalotte schälen und in kleine Würfel schneiden. Den Weißwein erhitzen und die Schalottenwürfel darin weich dünsten. Den Knoblauch schälen und fein hacken.

2 Schinken, Schalottenwürfel, Knoblauch, Thymianblättchen und Crème fraîche mit dem Stabmixer oder im Küchenmixer pürieren.

3 Die Sahne nach und nach dazugeben und alles zu einer geschmeidigen Masse mixen. Mit Salz und Pfeffer würzig abschmecken. Einige Zeit kühl stellen.

4 Das Toastbrot rösten und diagonal halbieren. Mit der Schinkenmousse bestreichen, mit den Kräutern garnieren und sofort servieren.

Bagels

selbst gemacht

Der Teigkringel hat Hochkonjunktur: Ob süß oder salzig belegt,
die Brötchen mit dem Loch in der Mitte schmecken zu jeder Tageszeit

Zutaten

500 g Mehl

1 Würfel Hefe (42 g)

1 TL Zucker

50 g Butter

Salz

1 Eigelb

Sesam- oder Leinsamen

zum Bestreuen

Zubereitung

FÜR 10-12 STÜCK

1 Das Mehl in eine Schüssel sieben und in die Mitte eine Mulde drücken. Die Hefe in $\frac{1}{8}$ l warmem Wasser auflösen und in die Mulde gießen. Den Zucker darüberstreuen. Die Hefemischung mit etwas Mehl verrühren und zugedeckt etwa 15 Minuten gehen lassen.

2 Die Butter zerlassen und abkühlen lassen. Mit 1 TL Salz und $\frac{1}{8}$ l warmem Wasser zum Mehl geben und alles mit den Händen etwa 10 Minuten zu einem glatten Teig verkneten. Zugedeckt an einem warmen Ort 1 Stunde gehen lassen, bis sich sein Volumen etwa verdoppelt hat.

3 In einem großen Topf reichlich Salzwasser zum Kochen bringen. Den Backofen auf 200 °C vorheizen. Ein Backblech mit Backpapier auslegen.

4 Aus dem Teig 10 bis 12 Kugeln drehen, zu einem flachen Kreis formen und mit dem Zeigefinger oder dem Kochlöffelstiel in die Mitte ein großes Loch drücken. Die Teigringe portionsweise 1 bis 2 Minuten im siedenden Wasser ziehen lassen. Mit dem Schaumlöffel herausheben, abtropfen lassen und auf das Backblech setzen. Das Eigelb mit 1 EL Wasser verquirlen und die Bagels damit bestreichen. Nach Belieben mit Sesam- oder Leinsamen bestreuen.

5 Die Bagels im Backofen auf der mittleren Schiene 20 bis 25 Minuten goldbraun backen. Die Bagels etwas abkühlen lassen, mit einem Messer aufschneiden und nach Belieben belegen. Am besten schmecken sie ofenwarm.

Avocado-Bagel
mit Chili und Portulak

*Eine rundum gelungene Sache: Die feurigen Brotkringel sorgen
für eine Spur internationalen Flair auf dem heimischen Frühstückstisch*

Zutaten

8 Bagels

2 Avocados

8 EL Limettensaft

½ Bund Frühlingszwiebeln

1 Bund Portulak

1 Bund Schnittlauch

8 EL Mayonnaise

Salz

4 rote Chilischoten

Zubereitung
FÜR 8 PERSONEN

1 Den Backofengrill einschalten. Die Bagels aufschneiden und mit den Schnittflächen nach oben unter dem Backofengrill auf der obersten Schiene etwa 3 Minuten knusprig rösten.

2 Die Avocados längs halbieren und die Kerne entfernen. Die Avocadohälften schälen, das Fruchtfleisch längs in Spalten schneiden und mit 4 EL Limettensaft beträufeln. Die Frühlingszwiebeln putzen, waschen und der Länge nach in feine Streifen schneiden. Den Portulak verlesen, waschen und trocken schütteln.

3 Den Schnittlauch waschen, trocken schütteln und in Röllchen schneiden. Die Mayonnaise mit dem restlichen Limettensaft und den Schnittlauchröllchen verrühren. Mit Salz würzen. Die Chilischoten längs halbieren, entkernen, waschen und in feine Würfel schneiden.

4 Die Bagels mit der Schnittlauchmayonnaise bestreichen. Die Avocadospalten, die Frühlingszwiebelstreifen, den Portulak und die Chiliwürfel auf die unteren Bagel-Hälften verteilen, die oberen Hälften daraufsetzen und fest andrücken.

Tipp

Köstlicher Bagel-Aufstrich für Italienfans: 150 g Ricotta mit 50 g gewürfelten getrockneten Tomaten (in Öl) und je 2 EL eingelegten Kapern und gehacktem Basilikum verrühren, salzen und pfeffern.

Kräuter-Wraps
mit Gemüsereis

Einrollen und reinbeißen: Unter dem Pfannkuchenmantel
wartet eine raffinierte Reismischung auf ihre Entdeckung

Zutaten

125 g Basmati-Reis · Salz

½ Stange Staudensellerie

1 Bund Frühlingszwiebeln

1 Knoblauchzehe

1 rote Paprikaschote

1 rote Chilischote

6 EL Öl

½ TL Kreuzkümmelpulver

je ½ TL getrockneter Thymian
und getrockneter Oregano

1 Bund Koriander

2 EL Zitronensaft

100 g Naturjoghurt

Cayennepfeffer

10 Eier

100 ml Mineralwasser
(mit Kohlensäure)

20 Schnittlauchhalme

Zubereitung

FÜR 20 STÜCK

1 Den Basmati-Reis in leicht gesalzenem Wasser nach Packungsanweisung garen. Den Reis vom Herd nehmen, ausquellen und abkühlen lassen.

2 Den Sellerie putzen, waschen und schräg in Scheiben schneiden. Die Frühlingszwiebeln putzen, waschen und in feine Ringe schneiden. Den Knoblauch schälen und in feine Würfel schneiden. Die Paprika- und die Chilischote längs halbieren, entkernen und waschen, beides in kleine Würfel schneiden.

3 In einer Pfanne 1 EL Öl erhitzen. Sellerie, Frühlingszwiebeln, Knoblauch, Paprika und Chili darin etwa 5 Minuten dünsten. Das Gemüse mit Kreuzkümmel, Thymian und Oregano würzen und abkühlen lassen.

4 Den Koriander waschen und trocken schütteln, die Blätter von den Stielen zupfen und fein hacken. Gemüse, Koriander, Zitronensaft und Joghurt unter den Reis mischen. Den Reis mit Salz und Cayennepfeffer abschmecken.

5 Die Eier in einer Schüssel mit ½ TL Salz und dem Mineralwasser verquirlen. In einer kleinen Pfanne jeweils ½ EL Öl erhitzen, aus der Eiermasse nacheinander 10 dünne Omeletts backen und abkühlen lassen.

6 Die Schnittlauchhalme kurz in kochendem Wasser blanchieren, kalt abschrecken und abtropfen lassen. Jeweils 2 EL Reisfüllung auf ein Omelett setzen. Die Omeletts aufrollen, an den Enden wie ein Bonbon mit einem Schnittlauchhalm zubinden und zum Servieren schräg halbieren.

Tortilla-Wraps
mit Hähnchenbrust

Zutaten

3 Hähnchenbrustfilets (à 150 g)

Salz · Pfeffer aus der Mühle

2 EL Öl

1 Salatgurke

1 Bund Frühlingszwiebeln

1 Bund Rucola

8 Weizentortillas

(Fertigprodukt)

je 8 EL Mayonnaise

und grüner Ketchup

Zubereitung
FÜR 16 STÜCK

1 Die Hähnchenbrustfilets waschen und trocken tupfen, mit Salz und Pfeffer würzen. Das Öl in einer Pfanne erhitzen und das Hähnchenfleisch darin 10 bis 12 Minuten auf beiden Seiten goldbraun braten. Herausnehmen, abkühlen lassen und in etwa 8 cm lange, dünne Streifen schneiden.

2 Die Gurke schälen und längs halbieren, die Kerne mit einem Teelöffel entfernen. Die Frühlingszwiebeln putzen und waschen. Beides in etwa 8 cm lange, feine Streifen schneiden.

3 Den Backofen auf 200 °C vorheizen. Den Rucola verlesen, waschen und trocken schütteln, grobe Stiele entfernen. Die Tortillas im Backofen etwa 3 Minuten erwärmen, bis sie geschmeidig sind.

4 Die Tortillas halbieren und mit der Mayonnaise bestreichen. Jeweils einige Gurken- und Frühlingszwiebelstreifen, Rucolablätter und Hähnchenbruststreifen mittig darauf verteilen. Die Tortilla-Hälften vorsichtig tütenförmig aufrollen und jeweils 1 Klecks grünen Ketchup daraufgeben. Besonders dekorativ sieht es aus, wenn die Tortilla-Wraps in Eierbechern oder kleinen Gläsern serviert werden.

Kartoffelhörnchen
mit Schafskäsefüllung

Zutaten

3 mittelgroße mehlig kochende
Kartoffeln

Salz · 500 g Mehl

1 Päckchen Backpulver

125 g flüssige Butter

Pfeffer aus der Mühle

Mehl für die Arbeitsfläche

125 g Schafskäse

2 EL gehackte Petersilie

1 Eigelb

Sesamsamen zum Bestreuen

Zubereitung

FÜR 24 STÜCK

1 Die Kartoffeln schälen, waschen und in Salzwasser etwa 25 Minuten garen, abgießen und noch heiß durch die Kartoffelpresse in eine Schüssel drücken.

2 Mehl, Backpulver und Butter zu den Kartoffeln geben, mit Salz und Pfeffer würzen und alles mit den Händen rasch zu einem Teig verkneten. Den Teig halbieren und auf der bemehlten Arbeitsfläche jeweils etwa 1/2 cm dick ausrollen. Jede Teigplatte in 12 Dreiecke schneiden.

3 Den Backofen auf 200 °C vorheizen. Den Schafskäse zerbröckeln und mit der Petersilie und etwas Pfeffer vermischen. Je 1 TL Schafskäse auf die breite Seite der Dreiecke geben und von dieser Seite her aufrollen. Die Spitzen leicht andrücken.

4 Das Eigelb verquirlen, die Hörnchen damit bestreichen und mit Sesamsamen bestreuen. Die Hörnchen im Backofen auf der mittleren Schiene etwa 20 Minuten goldbraun backen.

Olivenmuffins
mit Schafskäse

So schmeckt der Süden: Diese mediterranen Leckerbissen lassen
Erinnerungen an den letzten Urlaub am Mittelmeer wach werden

Zutaten

Fett und Mehl für die Form

70 g schwarze Oliven
(ohne Stein)

200 g Schafskäse

250 g Mehl (Type 1050)

1 TL gehackter Rosmarin

2 1/2 TL Backpulver

1/2 TL Natron

Salz · Pfeffer aus der Mühle

1 Ei · 80 ml Olivenöl

300 g Naturjoghurt

Zubereitung
FÜR CA. 12 STÜCK

1 Den Backofen auf 180 °C vorheizen. Die Vertiefungen einer Muffinform einfetten und mit Mehl bestäuben oder Papierförmchen hineinsetzen.

2 Die Oliven in dünne Scheiben schneiden. 150 g Schafskäse in Würfel schneiden, den restlichen Käse zerkrümeln. Das Mehl mit den Oliven, dem Rosmarin, dem Backpulver, dem Natron, Salz und Pfeffer in einer Schüssel vermischen. Das Ei in einer zweiten Schüssel leicht verquirlen, das Öl und den Joghurt unterrühren.

3 Die Eimasse zur Mehlmischung geben und mit dem Schneebesen oder einem Kochlöffel nur so lange verrühren, bis alle Zutaten feucht sind. Die Hälfte des Teigs in die Vertiefungen der Muffinform füllen und je 1 Käsewürfel daraufsetzen. Den restlichen Teig darauf verteilen und den restlichen Käse darüberstreuen.

4 Die Muffins im Backofen auf der mittleren Schiene 25 bis 30 Minuten goldbraun backen. Aus dem Backofen nehmen und etwa 5 Minuten ruhen lassen. Die Muffins aus der Form lösen und warm oder kalt servieren.

Tipp

Sie können statt schwarzer auch grüne Oliven verwenden. Wer keinen Schafskäse mag, bereitet die Olivenmuffins einfach mit halbfestem Schnittkäse aus Kuhmilch (z. B. mit Gouda) zu.

Kräutermuffins
mit Schinken und Quark

Zutaten

Fett und Mehl für die Form

1 Zwiebel

75 g gekochter Schinken

2 EL Olivenöl

200 g Vollkornmehl

2 TL Backpulver · ½ TL Natron

1 Ei · 150 g Quark

4 EL Milch

2 EL geriebener Emmentaler

Salz · Pfeffer aus der Mühle

3 EL gehackte Petersilie

1 EL gehackter Thymian

Zubereitung
FÜR CA. 12 STÜCK

1 Den Backofen auf 180 °C vorheizen. Die Vertiefungen einer Muffinform einfetten und mit Mehl bestäuben oder Papierförmchen hineinsetzen. Zwiebel schälen und in feine Würfel schneiden. Den Schinken in kleine Würfel schneiden. Das Öl in einer Pfanne erhitzen, Zwiebel und Schinken darin anbraten.

2 Das Mehl mit Backpulver und Natron vermischen. Das Ei, den Quark, die Milch, den Käse, Salz und Pfeffer verrühren. Die Zwiebel, den Schinken und die Kräuter untermischen.

3 Die Quark-Käse-Masse zur Mehlmischung geben und mit dem Schneebesen oder einem Kochlöffel nur so lange verrühren, bis alle Zutaten feucht sind.

4 Den Teig maximal drei Viertel hoch in die Vertiefungen der Muffinform füllen und die Muffins im Backofen auf der mittleren Schiene 20 bis 25 Minuten goldbraun backen. Aus dem Backofen nehmen, etwa 5 Minuten ruhen lassen und aus der Form lösen. Nach Belieben mit Schinkenstreifen und Thymian garnieren.

Tomatenmuffins
mit Mozzarella und Basilikum

Zutaten

Fett und Mehl für die Form

2 Tomaten

1 kleine Zwiebel

1 Knoblauchzehe

1 Bund Basilikum

100 g Mozzarella

250 g Mehl

2 TL Backpulver

½ TL Natron · Salz

Pfeffer aus der Mühle

2 Eier · 5 EL Olivenöl

¼ l Milch

Zubereitung
FÜR CA. 12 STÜCK

1 Den Backofen auf 180 °C vorheizen. Die Vertiefungen einer Muffinform einfetten und mit Mehl bestäuben oder Papierförmchen hineinsetzen.

2 Die Tomaten waschen, vierteln und entkernen, dabei die Stielansätze entfernen. Das Fruchtfleisch in kleine Würfel schneiden. Die Zwiebel und den Knoblauch schälen und in feine Würfel schneiden. Das Basilikum waschen und trocken schütteln, die Blätter abzupfen und fein hacken. Den Mozzarella in Würfel schneiden.

3 Das Mehl mit dem Backpulver, dem Natron, ¼ TL Salz und Pfeffer vermischen. Zwiebel, Knoblauch und Basilikum dazugeben. Die Eier mit Öl, Mozzarella und Milch verrühren. Mit den Tomaten nur kurz unter die Mehlmischung rühren. Den Teig maximal drei Viertel hoch in die Vertiefungen der Muffinform füllen.

4 Die Muffins im Backofen auf der mittleren Schiene 20 bis 25 Minuten goldbraun backen. Herausnehmen und kurz ruhen lassen. Die Muffins aus der Form lösen und warm oder kalt servieren.

Gorgonzolamuffins

mit Birnen und Walnüssen

Ein Geschmackstrio der Extraklasse: Pikanter Käse, mürbe Birnen
und knackige Nüsse harmonieren auch in gebackener Form perfekt

Zutaten

Fett und Mehl für die Form

150 g Gorgonzola

1–2 Zweige Thymian

250 g feste Birnen

200 g Mehl

2 TL Backpulver

1/2 TL Natron

100 g gehackte Walnüsse

Salz · Pfeffer aus der Mühle

1 Ei · 6 EL Walnussöl

4 EL Buttermilch

ca. 24 Walnusshälften

Zubereitung
FÜR CA. 24 STÜCK

1   Den Backofen auf 180 °C vorheizen. Die Vertiefungen einer Minimuffinform einfetten und mit Mehl bestäuben oder Papierförmchen hineinsetzen.

2   Den Käse klein schneiden. Den Thymian waschen und trocken schütteln, die Blättchen von den Zweigen zupfen und fein hacken. Die Birnen waschen und halbieren, die Kerngehäuse entfernen. Die Birnenhälften klein schneiden.

3   Das Mehl mit dem Backpulver und dem Natron vermischen. Den Käse, die gehackten Walnüsse, den Thymian, Salz und Pfeffer dazugeben. Das Ei mit dem Öl und der Buttermilch verquirlen. Die Masse mit den Birnen zur Mehlmischung geben und mit dem Schneebesen oder einem Kochlöffel nur so lange verrühren, bis alle Zutaten feucht sind.

4   Den Teig maximal drei Viertel hoch in die Vertiefungen der Muffinform füllen und im Backofen auf der mittleren Schiene etwa 12 Minuten goldbraun backen. Die Muffins herausnehmen, kurz ruhen lassen und aus der Form lösen. Mit je 1 Walnusshälfte dekorieren und warm servieren.

Tipp

Probieren Sie die herzhaften Muffins auch einmal mit einer Mischung aus feinwürzigem Ziegenkäse, säuerlichen Äpfeln (z. B. Boskop oder Gloster) und süßherben Pinienkernen.

Maismuffins
mit Paprika und Käse

Snack à la Texmex: Diese Muffins stehlen Tortillas, Enchiladas & Co.
als neue Stars der mittelamerikanischen Küche leicht die Schau

Zutaten

Fett und Mehl für die Form

je 1 kleine rote und grüne
Paprikaschote

100 g Maiskörner
(aus der Dose)

100 g Mehl

150 g Instant-Polenta

150 g geriebener Bergkäse

2 1/2 TL Backpulver

1/2 TL Natron

Salz · Pfeffer aus der Mühle

1 Ei · 60 ml Öl

300 g Naturjoghurt
(oder saure Sahne)

Zubereitung
FÜR CA. 12 STÜCK

1 Den Backofen auf 180 °C vorheizen. Die Vertiefungen einer Muffinform einfetten und mit Mehl bestäuben oder Papierförmchen hineinsetzen.

2 Die Paprikaschoten längs halbieren, entkernen, waschen und in kleine Würfel schneiden. Die Maiskörner in ein Sieb abgießen und abtropfen lassen.

3 Das Mehl mit der Polenta, 100 g Käse, den Paprikawürfeln, dem Mais, dem Backpulver und dem Natron in einer Schüssel vermischen. Mit Salz und Pfeffer kräftig würzen.

4 Das Ei verquirlen. Das Öl und den Joghurt oder die saure Sahne unterrühren. Die Eimasse zur Mehlmischung geben und mit dem Schneebesen oder einem Kochlöffel nur so lange verrühren, bis alle Zutaten feucht sind.

5 Den Teig maximal drei Viertel hoch in die Vertiefungen der Muffinform füllen und mit dem restlichen Käse bestreuen. Im Backofen auf der mittleren Schiene 25 bis 30 Minuten backen. Aus dem Backofen nehmen und 5 Minuten ruhen lassen. Die Maismuffins aus der Form lösen und warm oder kalt servieren.

Tipp

Wer die Maismuffins etwas schärfer mag, kann noch Chilipulver, Paprikapulver und/oder Tabascosauce unter den Teig mischen. Mit Polenta werden die Muffins körniger, mit Maismehl feiner.

Rezeptregister

Impressum

© Verlag Zabert Sandmann GmbH,
München
1. Auflage 2008
ISBN 978-3-89883-214-4

Grafische Gestaltung: Georg Feigl
Rezepte: ZS-Team
Redaktion: Alexandra Schlinz
Herstellung: Karin Mayer,
Peter Karg-Cordes
Lithografie: Christine Rühmer
Druck & Bindung: Mohn media
Mohndruck GmbH, Gütersloh

Bildnachweis

Umschlagfotos:
StockFood/J. Cazals (Vorderseite oben);
J. Kirchherr (Vorderseite unten, Rückseite
links); StockFood/S. Eising (Rückseite Mitte);
StockFood/L. Lister (Rückseite rechts)

U. Bender: 21; W. Cimbal: 7 (5), 12 o., 13 o.,
19; J. Kirchherr: 10, 11 o. und u. (2, 3),
14–15, 17, 23, 24, 25, 27, 31, 42–43, 45, 89,
129, 137, 192–193, 199, 243, 257, 269, 271,
273, 275; StockFood/C. Alack: 47, 69, 155,
211; StockFood/L. Alert: 91; StockFood/
I. Bagwell: 179; StockFood/Bayside: 51, 60,
61, 85, 200, 227, 230–231, 255; StockFood/
A. von Berge: 104; StockFood/J. Bilic: 185;
StockFood: H. Bischoff: 9 (6); StockFood/G.
Bohle: 4–5; StockFood/M. Boyny: 32; Stock-
Food/Caggiano Photography: 151; StockFood/
S. Cato Symonds: 98, 99; StockFood/J. Cazals:
7 (3), 57, 173, 190, 209, 217, 247; Stock-
Food/A. Dinner 79; StockFood/Foodphotogra-
phy Eising: 9 (2), 11 u. (1,4), 29, 33, 37, 53,
63, 71, 73, 101, 103, 107, 110, 135, 139, 147,
149, 163, 175, 184, 189, 197, 203, 205, 219,
223, 233, 245, 246, 253, 266; StockFood/
S. Eising: 2–3, 6 (1), 8 (1), 13 u., 39, 75, 77,
78, 80–81, 90, 119, 121, 123, 125, 127, 144,
145, 150, 153, 159, 161, 167, 169, 177, 178,
181, 187, 191, 195, 201, 214, 215, 229, 241,
258, 259, 265; StockFood/S. & P. Eising: 6 l.,
7 (7), 87, 115, 131, 221, 237, 240, 249, 270;
StockFood/P. A. Eising: 7 (4), 93, 234; Stock-
Food/L. Ellert: 228; StockFood/C. Ericson:
9 (3); StockFood/B. Euler: 7 (2), 18; Stock-
Food/M. O. Finley: 109, 132–133, 141, 164,
165; StockFood/I. Garlick: 84; StockFood/
L. Hammond: 55; StockFood/M. Hoffmann:
8 l.; StockFood/S. Irvine: 54; StockFood/
J. Jhaveri: 171; StockFood/D. Johns: 261;
StockFood/D. King: 83; StockFood/C. Krüger:
235; StockFood/L. Lister: 35; StockFood/
D. Loftus: 59, 224, 225; StockFood/R. Maas:
154; StockFood/R. Marcialis: 156–157, 183;
StockFood/K. Mewes: 67; StockFood/K.
Newedel: 66; StockFood/K. Nu: 117; Stock-
Food/M. Paul: 97, 143; StockFood/J. Peters:
72; StockFood/A. Plewinski: 267; Stock-
Food/B. Radwaner: 105; StockFood/W. Rea-
vell: 9 (4); StockFood/J. Rynio: 9 (7), 207;
StockFood/P. Sachsenmaier: 7 (6); Stock-
Food/P. M. Smith: 111; StockFood/S.
Smith: 122; StockFood/B. Sporrer: 170,
206; StockFood/Sporrer/Skowronek: 65;
StockFood/R. Stowell: 46; StockFood/
Studio Adna: 9 (5), 95, 138, 263; Stock-
Food/Teubner Foodfoto: 41; StockFood/
M. Urban: 11 Mitte, 49; StockFood/E. Watt:
114; StockFood/F. Wieder: 94; StockFood/
B. Winkelmann: 113, 213; StockFood/
ZSVerlag: 12 u. (1–3); StockFood/ZSVerlag/
Teubner 12 u. (4); M. Wissing: 239, 250,
251